5 DÍAS
PARA
APRENDER
PORTUGUÉS

Maria Cristina A. Duarte
bajo la dirección de Robert Wilson

5 DÍAS PARA APRENDER PORTUGUÉS

A pesar de haber puesto el máximo cuidado en la redacción de esta obra, el autor o el editor no pueden en modo alguno responsabilizarse por las informaciones (fórmulas, recetas, técnicas, etc.) vertidas en el texto. Se aconseja, en el caso de problemas específicos —a menudo únicos— de cada lector en particular, que se consulte con una persona cualificada para obtener las informaciones más completas, más exactas y lo más actualizadas posible. EDITORIAL DE VECCHI, S. A. U.

© Editorial De Vecchi, S. A. 2021
© [2021] Confidential Concepts International Ltd., Ireland
Subsidiary company of Confidential Concepts Inc, USA
ISBN: 978-1-64699-590-5

El Código Penal vigente dispone: «Será castigado con la pena de prisión de seis meses a dos años o de multa de seis a veinticuatro meses quien, con ánimo de lucro y en perjuicio de tercero, reproduzca, plagie, distribuya o comunique públicamente, en todo o en parte, una obra literaria, artística o científica, o su transformación, interpretación o ejecución artística fijada en cualquier tipo de soporte o comunicada a través de cualquier medio, sin la autorización de los titulares de los correspondientes derechos de propiedad intelectual o de sus cesionarios. La misma pena se impondrá a quien intencionadamente importe, exporte o almacene ejemplares de dichas obras o producciones o ejecuciones sin la referida autorización». (Artículo 270)

Índice

INTRODUCCIÓN	13
PRONUNCIACIÓN	15
Consonantes	15
Vocales	19
Sonidos nasales	21
Vocales nasales	22
Diptongos nasales	22
Triptongos nasales	23
PRIMERA LECCIÓN	25
Sesión de mañana	25
Vocabulario	25
El artículo	26
El artículo determinado	26
El artículo indeterminado	28
Género del sustantivo	28
Masculino	30
Femenino	30
Pronombres personales sujeto	30
Segunda persona del singular	31
Segunda persona del plural	32
Adjetivos calificativos	33
Presente de indicativo	34
Verbos regulares	34

Verbos reflexivos	35
Verbos auxiliares.	35
Verbos irregulares.	36
Los meses y las estaciones del año	38
Sesión de tarde	38
Vocabulario	38
Pretérito perfecto simple de indicativo.	39
Los números cardinales	41
Unidades	42
Decenas	42
Centenas	43
Millares	44
Formación del femenino	44
Femenino que procede de raíz masculina	44
Femenino que no procede de raíz masculina	45
Sustantivos con un único género	46
Sustantivos con dos géneros.	46
Frases útiles para viajeros	47
Saludos.	47
Despedidas	48
Gracias	48
En un restaurante	49
Segunda lección	51
Sesión de mañana.	51
Vocabulario	51
Pronombres y adjetivos demostrativos.	52
Pronombres y adjetivos posesivos.	53
Pronombres posesivos.	54
Adjetivos posesivos	55
Grado del adjetivo	56

Comparativo	56
Superlativo	58
Preposiciones articuladas	59
Pretérito imperfecto de indicativo	61
Los días de la semana	63
Sesión de tarde	63
Vocabulario	63
Pronombres personales de complemento directo	65
Pronombres relativos	66
Los números ordinales	66
Futuro simple de indicativo	67
Frases útiles para viajeros	69
Presentaciones	69
Una invitación	71
Tercera lección	75
Sesión de mañana	75
Vocabulario	75
Participio pasado	76
Pretérito perfecto compuesto de indicativo	77
Pronombres personales de complemento indirecto	78
Formas átonas	78
Formas tónicas	79
Pronombres y adjetivos indefinidos	79
Adverbios y locuciones adverbiales de pasado	80
Oraciones afirmativas y negativas	81
Gerundio	82
Gerundio simple	82
Gerundio compuesto	84

Sesión de tarde	85
Vocabulario	85
Pretérito pluscuamperfecto de indicativo	86
Pluscuamperfecto simple	86
Pluscuamperfecto compuesto	87
Adverbios y locuciones adverbiales de futuro	87
Pronombres personales articulados	88
Imperativo	89
Afirmativo	89
Negativo	90
Posición del pronombre	91
Adverbios terminados en *mente*	91
Frases útiles para viajeros	92
De viaje	92
El clima	94
Cuarta lección	97
Sesión de mañana	97
Vocabulario	97
Oraciones interrogativas	98
Interrogativas totales	99
Interrogativas parciales	100
Interrogativas con sujeto expreso	101
Pronombres interrogativos	101
Adverbios interrogativos	102
Condicional simple	104
Condicional compuesto	105
Omisión del pronombre sujeto	105
Sesión de tarde	106
Vocabulario	106
Adverbios de presente	107

Verbos impersonales 109
Infinitivo pessoal simples 109
Infinitivo pessoal composto 111
La fecha... 111
Frases útiles para viajeros 113
    El alojamiento 113
    En el médico 113

Quinta lección.. 117
Sesión de mañana................................. 117
Vocabulario 117
Verbos modales...................................... 118
Posición de los pronombres........................ 120
    Antes del verbo 120
    Después del verbo................................ 122
    En el interior del verbo 122
    En las perífrasis verbales 123
Formación del plural................................. 124
    Sustantivos con un único número 125
    Plural de los sustantivos compuestos 126
Presente de subjuntivo.............................. 127
Futuro simple de subjuntivo 128

Sesión de tarde 129
Vocabulario 129
Pretérito imperfecto de subjuntivo 131
Pluscuamperfecto de subjuntivo................... 132
La hora 133
La voz pasiva 135
El discurso indirecto................................. 136
Frases útiles para viajeros 139

De compras. 139
Datos y gustos personales 140

ANEXOS

CONJUGACIÓN DE LOS PRINCIPALES VERBOS IRREGULARES 145
Presente de indicativo 145
Pretérito perfecto simple de indicativo. 146
Presente de subjuntivo. 147

DICCIONARIO. 149

Introducción

Este libro pretende ser una guía para el aprendizaje de la lengua portuguesa sobre una base gramatical. Se destina a aquellas personas que tengan interés en aprender rápidamente y hacerse entender, sobre todo, por necesidades de orden práctico (por ejemplo, porque han organizado un viaje a Lisboa de un fin de semana y cuentan con cinco días para aprender portugués). Por ello, aquí se plantea la estructura de la lengua, y se utilizan palabras y frases de uso corriente en las conversaciones cotidianas y, así, se intenta proporcionar, desde el principio, los elementos fundamentales.

La mejor manera de estudiar con un texto concebido en estos términos consiste en dar mucha importancia a las palabras y los ejemplos, para acostumbrar el oído a la frase portuguesa. Los ejemplos podrán servir también como ejercicios y se podrán traducir y comparar posteriormente con el texto. Este tipo de ejercicio se repetirá más adelante, como repaso de palabras y reglas.

Las palabras y las frases de conversación deberán aprenderse de memoria. Puesto que están agrupadas por temas, y no en orden progresivo de dificultad, es posible que, en las primeras lecciones, nos encontremos ante palabras y construcciones no tan sencillas. Será necesario, pues, trabajar a fondo estos apartados con el fin de acostumbrarse a modificar la frase española de acuerdo con las exigencias de la lengua portuguesa.

La gramática que se expone basta para permitir que quien pretenda enriquecer su vocabulario por medio de la lectura pueda conversar correctamente en portugués sobre prácticamente cualquier tema.

Es preciso estudiar sistemáticamente sin interrupción y trabajar bien desde el principio; pero, sobre todo, es necesario no desalentarse ante las primeras dificultades: no son ciertos todos los comentarios que se escuchan con frecuencia referidos a la dificultad de la lengua. Cualquier persona está capacitada para aprender, con un poco de constancia, voluntad y entusiasmo.

Pronunciación

El alfabeto portugués consta de 24 letras (18 consonantes y 5 vocales):

a	b	c	d	e	f
[a]	[bé]	[cé]	[dé]	[e]	[efe]
g	h	i	j	l	m
[ge]	[agà]	[i]	[jota]	[ele]	[eme]
n	o	p	q	r	s
[ene]	[o]	[pé]	[qué]	[ere]	[ese]
t	u	v	w	x	z
[té]	[u]	[vé]	[ve:]	[shish]	[sé]

Las letras **k, w** e **y** sólo se emplean en la transcripción de nombres extranjeros y sus derivados, como *Shakespeare, shakespeariano*, y en algunas abreviaturas y símbolos internacionales, como *watt*.

Consonantes

Las consonantes que se pronuncian igual que en español son: **b, d, f, l, t** y **v.**

El resto, en cambio, se pronuncian diferente:

c: se pronuncia [k], igual que en español, delante de **a, o, u** o consonante: *copo* [kòpu], copa.

Si precede a **e** o **i,** en cambio, se pronuncia [s], como la **s** española: *cancelar* [kãse'làr], cancelar.

Delante de **t** es muda o se pronuncia [k], según la palabra: *actor* [à'tor], actor; *facto* [faktu], hecho.

cc: se pronuncia [s] y solamente se utiliza en algunas palabras delante de **i:** *seleccionar* [selèsiu'nàr], seleccionar.

ç: se pronuncia [s] y se emplea delante de **a, o** o **u:** *almoço* [àlmosu], almuerzo.

cç: se utiliza en algunas palabras delante de **ão** y se pronuncia [s] o [ks], según la palabra: *colecção* [kulè'sãu], colección; *convicção* [kõvik'sãu], convicción.

ch: se pronuncia [ ], como la **ch** de la palabra inglesa *machine*: *chapéu* [a'pèu], sombrero.

g: delante de **a, o** o **u** se pronuncia [g], como la **g** española de *gamba*: *gato* [gàtu], gato.

Delante de **e** o **i** se pronuncia [ʒ], como la **g** de la palabra francesa *beige*: *girafa* [ʒiràfa], jirafa.

En el grupo consonántico **gn** las dos consonantes se pronuncian por separado: *ignóbil* [ignòbil], innoble.

gu: se pronuncia [g] o [gu], según la palabra, delante de **e** o **i:** *antiguidade* [ãtiguidàde], antigüedad; *guia* [gia], guía.

Se pronuncia [gu] delante de **a** u **o:** *guardanapo* [guardanàpu], servilleta.

h: es muda a principio y a final de palabra: *herói* [i'roi], héroe.

j: siempre se pronuncia [ʒ], igual que la **g** delante de **e** o **i**: *ajuda* [aʒuda], ayuda.

lh: se pronuncia [λ], igual que la **ll** española: *bacalhau* [baka'λau], bacalao.

m: a principio de palabra o sílaba se pronuncia [m]: *camisa* [kamiza], camisa.

Después de vocal, en medio o a final de palabra, en la misma sílaba, se nasaliza la vocal: *Setembro* [setembru], septiembre.

n: a principio de palabra o sílaba se pronuncia [n]: *negócio* [ne'gòsiu], negocio.

Después de vocal, en medio o a final de palabra, en la misma sílaba, se nasaliza la vocal: *ninguém* [nin'gãi], ninguno.

nh: se pronuncia [ɲ] y equivale a la **ñ** española: *montanha* [mõtaɲa], montaña.

p: siempre se pronuncia [p]: *porta* [pòrta], puerta; aunque delante de **ç** o **t** puede ser muda: *óptico* ['òtiku], óptico.

qu: se pronuncia [ku] delante de **a** y **o**: *quadro* [kuàdru], cuadro.

Delante de **e** e **i** puede pronunciarse [k] o [ku], según la palabra: *arquitecto* [arkitètu], arquitecto; *tranquilo* [trãkuilu], tranquilo.

r: entre vocales, a final de palabra o en medio suena como la **r** española: *açúcar* [asukàr], azúcar.

A principio de palabra o tras **l, n** y **s** es más marcada y se parece a la **r** francesa: *rapaz* [Rapá], chico.

rr: siempre se pronuncia [R]: *carro* [kàRu], coche.

s: entre dos vocales es sonora y se pronuncia [z]: *casa* [kàza], casa.

A principio de palabra y tras **b, l, n, p** y **r** se pronuncia sorda [s]: *sapato* [sapàtu], zapato.

Se pronuncia [ ] a final de palabra y delante de **c, p** y **t:** *nós* [nò], nosotros.

Se pronuncia [ʒ] delante de **b, d, g, m, n, r** y **v:** *rasgar* [Ras'ʒàr], romper.

Cuando está a final de palabra y la primera letra del siguiente término es una vocal, siempre se lee [z].

ss: equivale a la **s** sorda [s]: *osso* [osu], hueso.

x: se pronuncia [ ] a principio de palabra: *xarope* [aròpe], jarabe.

Entre vocales se pronuncia [ ] o [s], según la palabra: *lixo* [li u], basura; *próximo* ['pròsimu], próximo.

Tras una **e** a principio de palabra y una consonante se pronuncia [ ]: *excepto* [e sètu], excepto.

Tras una **e** a principio de palabra y una vocal se pronuncia [z]: *exigir* [ize'ʒir], exigir.

A final de palabra y en algunas palabras cultas se pronuncia [ks]: *oxigénio* [òksi'ʒèniu], oxígeno.

Entre una consonante y una vocal se pronuncia [ ]: *texto* [tai tu], texto.

z: a principio o en medio de una palabra se pronuncia [z]: *zangar* [zã'gàr], enfadar.

A final de palabra se pronuncia [ ]: *arroz* [a'Ro], arroz.

Vocales

En portugués, sólo la **u** se pronuncia siempre como en español. Las otras vocales pueden presentar diferentes sonidos.
La pronunciación de las vocales portuguesas no depende sólo de las letras que la preceden o la siguen, sino de la posición en la frase, aunque también del origen de la palabra o de su evolución. Así pues, las siguientes reglas son sólo orientativas, con el fin de permitir y facilitar el aprendizaje de la pronunciación, pero no para aplicar de una forma rígida.

a: es abierta [à], como la **a** española:

— cuando es tónica (sólo en algunas palabras): *mala* [màla], maleta. Excepción: delante de **c** es muda: *actriz* [à'tri], actriz;
— en el infinitivo de los verbos de la primera conjugación: *brincar* [brin'kàr], jugar;
— en diptongos y triptongos: *pai* [pài], padre;
— cuando tiene acento agudo: *página* [pàʒina], página.

Es semicerrada [a]:

— en la primera persona del plural del presente de indicativo de los verbos regulares de la primera conjugación: *compramos* [kõpramu], compramos;

- cuando es átona: *a* [a], la;
- en algunos diptongos: *viajar* [via'ʒàr], viajar;
- cuando lleva acento cincunflejo: *tâmara* ['tamara], dátil.

e: es abierta [è]:

- cuando lleva acento agudo: *férias* ['fèria], vacaciones;
- cuando es tónica (sólo en algunas palabras): *zero* [zèru], cero.

Es media/semicerrada [é]:

- en el infinitivo de los verbos de la segunda conjugación: *beber* [be'bér], beber;
- si es átona (en algunas palabras): *emigrante* [émigrãte], emigrante;
- si lleva acento circunflejo: *mês* [mé], mes;
- si es tónica (sólo en algunas palabras): *dedo* [dédu], dedo.

Es muy cerrada [e] y casi no se percibe:

- a final de palabra: *elefante* [ilefãte], elefante;
- cuando es átona (en algunas palabras): *feliz* [fe'li], feliz.

Es muda a principio de palabra, delante de **s** más consonante: *esquina* [kina], esquina.

Se pronuncia [i] (como la **i** española) a principio de palabra multisilábica, delante de **c, d, f, l, m, n, r** o **x** más vocal: *edifício* [ide'fisiu], edificio. Excepción: verbo *emigrar* y palabras derivadas.

Se pronuncia como la **a** semicerrada [a] en algunas palabras delante de **lh:** *vermelho* [vermaλu], rojo.

i: se pronuncia [i], como en español, en la gran mayoría de palabras: *idade* [idàde], edad.

Se pronuncia [e] cuando está en el interior de la palabra, en la antepenúltima sílaba y delante de **s** o **z:** *piscina* [pe sina], piscina.

o: es abierta [ò]:

— cuando es átona (sólo en algunas palabras): *autocarro* [àutòkàRu], autobús;
— cuando lleva acento agudo: *matrimónio* [matri'mòniu], matrimonio;
— si es tónica (sólo en algunas palabras): *bola* [bòla], pelota.

Es media [o]:

— cuando lleva acento circunflejo: *avô* [a'vo], abuelo;
— si es tónica (solamente en algunas palabras): *olho* [oλu], ojo;
— si es átona (en algunas palabras): *golfinho* [golfiηu], delfín.

Se pronuncia [u] (como la **u** española) a final de palabra y si es átona, pero sólo en algunas palabras: *vestido* [ve tidu], vestido, traje.

Sonidos nasales

En la lengua portuguesa, los sonidos nasales pueden ser de tres tipos: vocales nasales, diptongos nasales y triptongos nasales.
El sonido es nasal cuando:

— la vocal, el diptongo o el triptongo llevan el signo gráfico ~ (tilde);
— la vocal, el diptongo o el triptongo van delante de **m** o **n** en la misma sílaba.

Vocales nasales

a: **ã,** con acento circunflejo: *irmã* [ir'mã], hermana.
am, en medio o a principio de palabra: *gamba* [gãba], gamba.
an: *elegante* [ilegãte], elegante.
âm: *lâmpada* ['lãpada], lámpara.

e: **êm:** *êmbolo* ['embulu], émbolo.
em, en medio o a principio de palabra: *lembrar* [lem'bràr], recordar.
en/ên: *genro* [ʒenRu], yerno; *imprudência* [impru'densia], imprudencia.

i: **im:** *impor* [im'por], imponer.
in: *inferior* [inferi'or], inferior.

o: **om:** *interromper* [inteRõ'pér], interrumpir.
on/ôn: *fonte* [fõte], fuente; *cônsul* [kõsul], cónsul.

u: **um:** *algum* [àl'gum], algún.
un: *juntos* [ʒuntu], junto.

Diptongos nasales

ão/am: se pronuncia [ãu] a final de palabra: *irmão* [ir'mãu], hermano; *viajavam* [viaʒàvãu], viajaban.

ãe/em: se pronuncia [ãi] a final de palabra: *mãe* [mãi], madre; *jovem* [ʒòvãi], joven.

õe: se pronuncia [õi]: *limões* [li'mõi], limones.

Triptongos nasales

uão/uam: se pronuncia [uãu] a final de palabra: *saguão* [sàguãu], zaguán; *adequam* [adekuãu], adecuado.

uem: se pronuncia [uãi] a final de palabra: *enxaguem* [en àguãi], enjuagado.

uõe: se pronuncia [uõi] en las palabras en plural: *saguões* [sàguõi], zaguanes.

N. B.: El criterio adoptado en la transcripción fonética es una versión simplificada del Alfabeto Fonético Internacional que se corresponde con la norma del portugués europeo. La sílaba tónica se marca con un apóstrofe; el acento no se marca en las palabras monosílabas y llanas.

Primera lección

Sesión de mañana

Vocabulario

pai padre	*prima* prima	*sobrinha* sobrina
mãe madre	*avô* abuelo	*cunhado* cuñado
pais padres	*avó* abuela	*cunhada* cuñada
filho hijo	*neto* nieto	*genro* yerno
filha hija	*neta* nieta	*nora* nuera
irmão hermano	*tio* tío	*sogro* suegro
irmã hermana	*tia* tía	*sogra* suegra
primo primo	*sobrinho* sobrino	*marido* marido

mulher	*antipático*	*nervoso*
mujer, esposa	antipático	nervioso
amável	*divertido*	*honesto*
amable	divertido	honesto

El artículo

En portugués, el artículo siempre precede al sustantivo, al cual asigna género y número.

El artículo determinado

El artículo masculino singular es **o** (el) y el plural, **os** (los).

o carro   el coche
os carros   los coches

El femenino singular es **a** (la) y el plural, **as** (las).

a mala   la maleta
as malas   las maletas

En la lengua hablada se emplea el artículo determinado delante de los nombres de persona y de las palabras **senhor(a)** (señor, señora) y **menina** (señorita).

A Mariana está doente.
Mariana está enferma.

Pero no se utiliza delante de los nombres de personajes famosos.

Cervantes, Camões

Delante de los nombres de ciudad tampoco se usa el artículo determinado, excepto cuando el topónimo procede de un sustantivo común, como *porto* (puerto), en cuyo caso toma el género del sustantivo.

Moro no (em + o) Porto.
Vivo en Oporto.

Sin embargo, cuando en la composición de estos topónimos hay un adjetivo calificativo o el sustantivo es plural, no se emplea el artículo.

Nós moramos em Chaves.
Nosotros vivimos en Chaves.

Los nombres de países y regiones sí van precedidos del artículo determinado.

Estudo nos (em + os) Estados Unidos.
Estudio en los Estados Unidos.

Existen algunas excepciones: **Portugal** (Portugal), **Angola** (Angola), **Moçambique** (Mozambique), **São Tomé e Princípe** (Santo Tomé y Príncipe), **Cabo Verde** (Cabo Verde), **Timor** (Timor), **Andorra** (Andorra), **Macau** (Macao), **Israel** (Israel), **Marrocos** (Marruecos), **São Salvador** (San Salvador) y **Cuba** (Cuba).

Ele vive em Marrocos.
Él vive en Marruecos.

Además, **França** (Francia), **Espanha** (España), **Inglaterra** (Inglaterra) e **Itália** (Italia) pueden aparecer sin artículo, sobre todo después de una preposición.

Vivo em França.
Vivo en Francia.

Otro punto importante lo constituye el término **casa** (casa): cuando no va acompañado de un adjetivo calificativo, no va precedido por el artículo.

Estou em casa.
Estoy en casa.

El artículo indeterminado

El masculino singular es **um** (un) y el plural, **uns** (unos).

um amigo   un amigo
uns amigos   unos amigos

El femenino singular es **uma** (una) y el plural, **umas** (unas).

uma casa   una casa
umas casas   unas casas

Género del sustantivo

En portugués, al igual que e español, existen dos géneros: masculino y femenino.

Por regla general, los nombres que terminan en **o** son masculinos y los que acaban en **a,** femeninos.

o amigo	el amigo
a cozinha	la cocina

Son una excepción los sustantivos masculinos de origen griego que hacen referencia a cosas y que terminan en **ema** u **oma.**

o cinema	el cine
o idioma	el idioma

Y algunos sustantivos que terminan en **a.**

o mapa	el mapa
o planeta	el planeta
o dia	el día
o clima	el clima

Los sustantivos que terminan en **e** pueden ser masculinos o femeninos.

o peixe	el pez
a árvore	el árbol

Los sustantivos que acaban en **ão** son masculinos cuando son concretos. Excepción: **a mão** (la mano).

o balcão	el balcón

Y femeninos si son abstractos.

a razão	la razón

Masculino

Son masculinos:

— los sustantivos que indican personas o animales de sexo masculino: *o cão*, el perro;
— los nombres de lagos, sistemas montañosos, océanos, ríos y vientos: *o Titicaca*, el Titicaca;
— los meses del año y los puntos cardinales: *Junho passado*, junio pasado;
— los nombres de ciudad que proceden de sustantivos comunes masculinos: *o Rio de Janeiro*, Río de Janeiro.

Femenino

Son femeninos:

— los sustantivos que hacen referencia a personas o animales de sexo femenino: *a cadela*, la perra;
— los nombres de islas, siempre y cuando la palabra **ilha** (isla) se sobrentienda: *a Córsega*, Córcega. Excepto **os Açores** (las Azores), que, al proceder de un sustantivo masculino común, toma este género;
— los nombres que terminan en **agem**: *a imagem*, la imagen. Excepto la palabra **personagem** (personaje), que puede ser masculina o femenina.

Pronombres personales sujeto

En portugués, los pronombres personales que realizan la función de sujeto son: **eu** (yo), **tu** (tú), **ele** (él), **ela** (ella), **nós** (nosotros), **vós** (vosotros), **eles** (ellos), **elas** (ellas).

Para referirse a la persona a la que se habla, existen las formas denominadas *pronomes de tratamento,* que pueden sustituir el pronombre personal de la segunda persona, tanto en singular como en plural.

La elección del pronombre o de un sustituto depende de diferentes factores, como el grado de intimidad entre los hablantes o las condiciones sociales y económicas.

Segunda persona del singular

El pronombre personal **tu** (tú) se emplea en relaciones con cierto grado de intimidad: entre padres e hijos, hermanos, marido y mujer, compañeros de trabajo que son casi coetáneos, abuelos y nietos, tíos y sobrinos, amigos...

FORMAS SUSTITUTIVAS DEL *TU*

En los casos que se describen a continuación el verbo se conjuga en tercera persona del singular.

Você es más formal que **tu** y se utiliza como forma de igualdad de clases sociales, edad o jerarquía, o de superioridad entre un superior y un inferior jerárquico, social o de edad; y como forma de intimidad sustitutiva del **tu** en algunos estratos de las clases sociales altas.

O senhor (señor) para hombres, **a senhora** (señora) para mujeres casadas, **a menina** (señorita) para jóvenes no casadas son expresiones formales que se utilizan solamente cuando no se conoce a la persona con la que se habla.

O senhor sabe onde fica a Rua do Ouro?
¿El señor sabe dónde está la calle del Oro?

O senhor, a senhora más título profesional se usan sobre todo en las relaciones profesionales.

O senhor doutor dá-me licença que eu entre?
Señor doctor, ¿puedo entrar?

O senhor, a senhora seguido del apellido indica ausencia de familiaridad.

O senhor Martins conhece a minha filha?
¿El señor Martins conoce a mi hija?

O/a más nombre propio o apellido también expresa ausencia de familiaridad.

O Marques quer vir tomar un café?
¿Marques quiere venir a tomar un café?

O/a más término de parentela es la forma utilizada en las relaciones familiares, aunque el pronombre informal **tu** está bastante difundido.

O pai já leu este livro?
Papá, ¿ya te has leído este libro?

Segunda persona del plural

Vós más verbo en segunda persona del plural: esta fórmula prácticamente no se usa; solamente se emplea en algunas zonas de Portugal, y en los discursos religiosos y políticos.

FORMAS SUSTITUTIVAS DEL *VÓS*

Tras las formas que se explican a continuación, el verbo adopta la desinencia de la tercera persona del plural.

Vocês es la forma plural de **tu** y **você.** Se corresponde con el *vosotros* español.

Vocês já conhecem este museu?
¿Vosotros ya conocéis este museo?

Os senhores, as senhoras... (véanse las formas empleadas para la segunda persona del singular).

Os senhores podem dizer-me as horas?
¿Los señores pueden decirme qué hora es?

O/a más nombre propio.

O Pedro e o Luís querem beber qualquer coisa?
Pedro y Luis, ¿queréis beber algo?

Adjetivos calificativos

En portugués, los adjetivos calificativos concuerdan en género y número con el sustantivo al cual califican.

Para formar adjetivos calificativos femeninos y el plural se siguen las mismas reglas que para los sustantivos.

En los adjetivos compuestos, sólo se pone en plural el último elemento. Excepción: **sordo-mudo** (sordomudo).

Presente de indicativo

Verbos regulares

En portugués, igual que en español, existen tres conjugaciones verbales: **ar** (primera conjugación), **er** (segunda conjugación) e **ir** (tercera conjugación).

Para formar el presente de indicativo, los verbos regulares añaden las siguientes desinencias:

— 1.ª conjugación: **o, as, a, amos, ais, am;**

— 2.ª conjugación: **o, es, e, emos, eis, em;**

— 3.ª conjugación: **o, es, e, imos, is, em.**

	Falar (Hablar)	*Viver* (Vivir)	*Partir* (Partir)
eu	*falo*	*vivo*	*parto*
tu	*falas*	*vives*	*partes*
ele, ela	*fala*	*vive*	*parte*
nós	*falamos*	*vivemos*	*partimos*
vós	*falais*	*viveis*	*partis*
eles, elas	*falam*	*vivem*	*partem*

Trabalho no controlo de qualidade.
Trabajo en control de calidad.

O comboio parte daqui a pouco.
El tren parte dentro de poco.

Verbos reflexivos

Los verbos reflexivos y los que se emplean de forma reflexiva se conjugan como los otros, con la excepción de la primera persona del plural, que pierde la **s** final cuando el pronombre se encuentra después del verbo.

Cuando siguen al verbo, los pronombres se separan mediante un guión.

Chamar-se
eu chamo-me	yo me llamo
tu chamas-te	tú te llamas
ele, ela chama-se	él, ella se llama
nós chamamo-nos	nosotros nos llamamos
vós chamai-vos	vosotros os llamáis
eles, elas chaman-se	ellos, ellas se llaman

Las formas **você** y **vocês** se corresponden con el pronombre reflexivo **se.**

Você lembra-se de mim?
¿Se acuerda de mí?

Vocês zangam-se facilmente.
Se enfadan fácilmente.

Verbos auxiliares

Los verbos auxiliares en portugués son: **ser** (ser), **estar** (estar) y **ter** (haber, tener). Son totalmente irregulares, por lo que mostramos la conjugación completa.

	Ser	Estar	Ter
eu	sou	estou	tenho
tu	és	estás	tens
ele, ela	é	está	tem
nós	somos	estamos	temos
vós	sois	estais	tendes
eles, elas	são	estão	têm

És estrangeira?
¿Eres extranjera?

Ele tem trabalhado muito.
Él ha trabajado mucho.

La principal diferencia entre los verbos **ser** y **estar** es que el primero implica una idea de esencialidad o permanencia y el segundo, una idea de transitoriedad.

Verbos irregulares

Verbos con cambios ortográficos

Por exigencias fonéticas, los verbos de la segunda y tercera conjugación cuya raíz termina en **c, g** o **gu** cambian esta letra por **ç, j** y **g,** respectivamente, delante de **a** u **o:** *descer* (descender), *eu desço; reagir* (reaccionar), *eu reajo; erguer* (erguir), *eu ergo.*

Verbos irregulares

Existen una serie de verbos irregulares que siguen ciertas reglas a la hora de formar el presente de indicativo:

— algunos cambian la vocal de la raíz **(e > i, o > u)** sólo en la primera persona del singular: *servir* (servir), *eu sirvo*; *dormir* (dormir), *eu durmo*. Algunos de los más usuales son: *competir* (competir), *despir* (desnudar), *ferir* (herir), *mentir* (mentir), *preferir* (preferir), *seguir* (seguir), *sentir* (sentir), *vestir* (vestir), *cobrir* (cubrir), *descobrir* (descubrir), *tossir* (toser), *aderir* (adherir), *referir* (referir), *sugerir* (sugerir);

— otros verbos, como *fugir* (huir), *subir* (subir), cambian la **u** de la raíz por una **o** en la segunda y tercera persona del singular y en la tercera del plural: *consumir* (consumir), *tu consomes, ele/ela consome, eles/elas consomem*;

— los verbos que terminan en **ear** añaden una **i** después de la **e** en todas las personas del singular y en la tercera del plural: *passear* (pasear), *eu passeio, tu passeias, ele/ela passeia, nós passeamos, vós passeais, eles/elas passeiam*;

— algunos verbos que terminan en **iar**, como *incendiar* (incendiar), *remediar* (remediar), cambian la **i** por **ei** en todas las personas del singular y en la tercera del plural: *odiar* (odiar), *eu odeio, tu odeias, ele/ela odeia, nós odiamos, vós odiais, eles/elas odeiam*;

— los verbos que terminan en **uzir** pierden la desinencia **e** en la tercera persona del singular: *conduzir* (conducir), *ele/ela conduz*; *introduzir* (introducir), *ele/ela introduz*;

— otros cambian la consonante de la raíz en la primera persona del singular, pero permanecen regulares en las otras personas: **d > ç, v > ç, d > c, d > ss.** Algunos ejemplos son: *pedir* (pedir), *eu peço*; *perder* (perder), *eu perco*; *ouvir* (oír), *eu ouço*; *poder* (poder), *eu posso*.

Otros verbos, en cambio, son completamente irregulares. Al final del libro, en la sección «Anexos», se puede encontrar una tabla con la conjugación de los principales verbos irregulares en portugués.

Los meses y las estaciones del año

Los meses del año son:

Janeiro	enero
Fevereiro	febrero
Março	marzo
Abril	abril
Maio	mayo
Junho	junio
Julho	julio
Agosto	agosto
Setembro	septiembre
Outubro	octubre
Novembro	noviembre
Dezembro	diciembre

Las estaciones del año son:

a Primavera	la primavera
o Verão	el verano
o Outono	el otoño
o Inverno	el invierno

Sesión de tarde

Vocabulario

pequeno-almoço	*lanche*	*laranja*
desayuno	merienda	naranja
almoço	*janta*	*pêssego*
almuerzo, comida	cena	melocotón

maçã	*atum*	*lagosta*
manzana	atún	langosta
morango	*pescada*	*água*
fresa	merluza	agua
pêra	*bacalhau*	*cerveja*
pera	bacalao	cerveza
bife	*polvo*	*vinho tinto*
bistec	pulpo	vino tinto
coelho	*salmão*	*vinho branco*
conejo	salmón	vino blanco
costeletas	*lulas*	*galão*
costillas	calamares	café con leche
porco	*amêijoa*	*café*
cerdo	almeja	café
salsichas	*mexilhão*	*garoto*
salchichas	mejillón	cortado
frango	*camarão*	*chá*
pollo	gamba	té

Pretérito perfecto simple de indicativo

Para expresar una acción terminada en el pasado, en portugués se emplea el *pretérito perfeito simples do indicativo*, que se corresponde con el pretérito perfecto simple español.

En los verbos regulares, a la raíz verbal se añaden las siguientes desinencias:

— 1.ª conjugación: **ei, aste, ou, ámos, astes, aram;**

— 2.ª conjugación: **i, este, eu, emos, estes, eram;**

— 3.ª conjugación: **i, iste, iu, imos, istes, iram.**

O comboio partiu atrasado.
El tren salió con retraso.

Los verbos de la primera conjugación cuya raíz acaba en **g, c** o **ç** cambian esta consonante por **gu, qu** y **c,** respectivamente, siempre que se encuentre delante de una **e.**

apagar (apagar), *eu apaguei*

Los verbos terminados en **air** añaden a la raíz verbal las siguientes desinencias: **í, íste, iu, ímos, ístes, íram.**

O totobola saiu a um jogador do Norte de Portugal.
La quiniela tocó a un jugador del norte de Portugal.

El verbo **haver** (haber), como impersonal, solamente presenta la forma de la tercera persona del singular: **houve.**

Ontem houve um incêndio num armazém perto do porto.
Ayer hubo un incendio en un almacén cercano al puerto.

Respecto a los verbos auxiliares **ser** (ser), **estar** (estar) y **ter** (tener), presentamos la conjugación completa, ya que presentan ciertas irregularidades.

	Ser	*Estar*	*Ter*
eu	fui	estive	tive
tu	foste	estiveste	tiveste
ele, ela	foi	esteve	teve
nós	fomos	estivemos	tivemos
vós	fostes	estivestes	tivestes
eles, elas	foram	estiveram	tiveram

Ele foi presidente de um clube de futebol.
Él fue presidente de un club de futbol.

Estivemos em casa toda a tarde.
Estuvimos en casa toda la tarde.

Conviene destacar que el verbo **ir** (ir) se conjuga igual que el **ser** en el *pretérito perfeito simples* de indicativo. El contexto aclara de qué verbo se trata en cada caso.

O Pedro foi a Faro em trabalho.
Pedro fue a Faro por trabajo.

O dia foi muito cansativo.
El día fue muy cansado.

Respecto a los verbos irregulares, al final del libro, en el apartado «Anexos», encontrará una tabla con los principales verbos irregulares conjugados en *pretérito perfeito simples*.

Los números cardinales

En portugués, los números cardinales se emplean para indicar el día del mes: *dos de Maio* (dos de mayo). Excepto para el primero:

primeiro de Maio (uno de mayo). Son todos invariables, excepto **um, dois** y las centenas después de **duzentos.**

Unidades

0 *zero*
1 *um*
2 *dois, duas*
3 *três*
4 *quatro*
5 *cinco*
6 *seis*
7 *sete*
8 *oito*
9 *nove*

Decenas

10 *dez*
11 *onze*
12 *doze*
13 *treze*
14 *catorze*
15 *quinze*
16 *dezasseis*
17 *dezassete*
18 *dezoito*
19 *dezanove*
20 *vinte*

21 *vinte e um*
30 *trinta*
40 *quarenta*
50 *cinquenta*
60 *sessenta*
70 *setenta*
80 *oitenta*
90 *noventa*

Del 20 al 99 se utiliza la conjunción **e** entre las decenas y la unidad.

Centenas

100 *cem*
101 *cento e um*
110 *cento e dez*
200 *duzentos*
300 *trezentos*
400 *quatrocentos*
500 *quinhentos*
600 *seiscentos*
700 *setecentos*
800 *oitocentos*
900 *novecentos*

Del 100 al 999 se emplea la conjunción **e** entre las centenas y las decenas, y entre las decenas y la unidad.

Conviene recordar que el numeral **cem** cambia a **cento** cuando va acompañado de decenas o unidades.

Millares

1000	*mil*
1001	*mil e um*
1100	*mil e cem*
2000	*dois mil*
10 000	*dez mil*
100 000	*cem mil*
1 000 000	*um milhão*
2 000 000	*dois milhões*

No se emplea la conjunción **e** entre los millares y las centenas, a no ser que el cardinal termine con una centena con dos ceros.

Formación del femenino

Femenino que procede de raíz masculina

Los sustantivos que terminan en **o** cambian a **a.**

Masculino   Femenino
arquitecto   *arquitecta*   arquitecto/a

Los sustantivos masculinos que terminan en **ão** pueden cambiar a **oa, ona** o **ã.**

patrão	*patroa*	patrón, patrona
comilão	*comilona*	comilón, comilona
cidadão	*cidadã*	ciudadano/a

Excepciones: **cão, cadela** (perro, perra); **ladrão, ladra** (ladrón, ladrona); **sultão, sultana** (sultán, sultana); **espião, espia** (espía); **barão, baronesa** (barón, baronesa).

Los sustantivos masculinos que terminan en consonante forman el femenino añadiendo una **a.**

escritor   *escritora*   escritor/a

Algunos, en cambio, hacen el femenino añadiendo **iz.**

actor   *actriz*   actor, actriz

Otros sustantivos construyen el femenino con las terminaciones **isa, esa** o **essa.**

poeta   *poetisa*   poeta, poetisa
príncipe   *princesa*   príncipe, princesa
abade   *abadessa*   abad, abadesa

Por último, algunas formas femeninas, aunque derivan de una raíz masculina, presentan algunas particularidades ortográficas.

o avô   *a avó*   el abuelo, la abuela
o herói *a heroína* el héroe, la heroína
o galo   *a galinha* el gallo, la gallina

Femenino que no procede de raíz masculina

Algunos sustantivos tienen formas diferentes para el masculino y el femenino.

Masculino	Femenino	
alfaiate	*costureira*	sastre, costurera
boi	*vaca*	buey, vaca
cavalo	*égua*	caballo, yegua
genro	*nora*	yerno, nuera
homem	*mulher*	hombre, mujer
marido	*mulher*	marido, esposa
pai	*mãe*	padre, madre

Sustantivos con un único género

Algunos nombres de animales sólo tienen una forma para expresar los dos géneros. Con el fin de especificar el sexo se añade la palabra **macho** (macho) o **fêmea** (hembra).

a baleia macho   la ballena macho
a baleia fêmea   la ballena hembra

Algunos términos referentes a personas también permanecen invariables. Los más empleados son: *a criança,* el niño/la niña; *a testemunha,* el/la testigo; *a pessoa,* la persona; *a vítima,* el/la víctima; *o cônjuge,* el/la cónyuge.

Sustantivos con dos géneros

Los sustantivos que terminan en **e, nte** e **ista,** algunos que acaban en **a** y el término **modelo** (modelo) tienen una única forma para el masculino y el femenino. Se diferencian mediante el género del artículo.

o intérprete	el intérprete
a intérprete	la intérprete
o pianista	el pianista
a pianista	la pianista

Excepciones: **o elefante, a elefanta** (el elefante, la elefanta); **o infante, a infanta** (el infante, la infanta); **o mestre, a mestra** (el maestro, la maestra); **o monge, a monja** (el monje, la monja).

Frases útiles para viajeros

Saludos

Olá!
¡Hola!

Bom dia.
Buenos días.

Boa tarde.
Buenas tardes.

Boa noite.
Buenas noches.

Parabéns.
Felicidades/Enhorabuena.

Despedidas

Até logo.
Hasta luego.

Até breve.
Hasta ahora.

Até já.
Hasta dentro de poco.

Adeus.
Adiós.

Adeusinho.
Adiós. (familiar)

Boa sorte.
Buena suerte.

Bom fim-de-semana.
Buen fin de semana.

Boas férias.
Felices vacaciones.

Diverte-te/divirta-se/divirtam-se.
Que te diviertas/se divierta/se diviertan.

Gracias

Muito obrigado/a.
Muchas gracias.

Obrigadinha.
Gracias. (familiar)

De nada.
De nada.

En un restaurante

Podia trazer a ementa, por favor?
¿Podría traer la carta, por favor?

Queria um bife com batatas fritas.
Querría un bistec con patatas fritas.

Para mim é um pudim de ovos.
Para mí un pudin de huevos.

É/era uma salada russa.
Una ensaladilla rusa.

Primeiro queria uma sopa de amêijoas.
Primero querría una sopa de almejas.

A seguir queria peixe assado no forno.
Después querría pescado al horno.

Como está a caldeirada?
¿Cómo está la sopa de pescado?

Que tal está o arroz de marisco?
¿Cómo está el arroz de marisco?

Está uma delícia.
Es una delicia.

Está salgado.
Está salado.

Está muito bom.
Está muy bueno.

Proponho um brinde ao aniversariante.
Propongo un brindis por quien cumple años.

À tua saúde!
¡A tu salud!

À vossa!
¡A la vuestra!

Podia trazer a conta, por favor?
¿Podría traer la cuenta, por favor?

Era a conta, por favor.
La cuenta, por favor.

Segunda lección

Sesión de mañana

Vocabulario

nome
nombre

apelido
apellido

bilhete de identidade
documento de identidad

passaporte
pasaporte

carta de condução
permiso de conducir

assinatura
firma

morada
dirección

rua, estrada
calle

avenida
avenida

praça
plaza

número de telefone
número de teléfono

o dentista
el dentista

a doméstica/a dona-de-casa
el ama de casa

o empregado bancário
el banquero

o empregado de balcão el dependiente	o padeiro el panadero
o empregado de mesa el camarero	o polícia el policía
o enfermeiro el enfermero	o taxista el taxista
o jornalista el periodista	o veterinário el veterinario
o estudante el estudiante	o professor el profesor
o médico el médico	o bombeiro el bombero

Pronombres y adjetivos demostrativos

En portugués, los adjetivos y pronombres demostrativos tienen las mismas formas: **este, esta, isto** (este, esta, esto); **esse, essa, isso** (ese, esa, eso); **aquele, aquela, aquilo** (aquel, aquella, aquello). Las formas en plural son: **estes, estas** (estos, estas); **esses, essas** (esos, esas); **aqueles, aquelas** (aquellos, aquellas).

Aqueles são os meus pais.
Aquellos son mis padres.

Los adjetivos demostrativos siempre preceden al nombre al que acompañan, con el que concuerdan en género y número.

Estas flores são muito bonitas.
Estas flores son muy bonitas.

Los pronombres demostrativos, en cambio, se pueden sustituir por el artículo determinado delante de:

— el relativo **que;**

Podia mostrar-me o que está na montra?
¿Podría enseñarme el que está en el escaparate?

— la preposición **de.**

Preferes a saia de veludo ou a de algodão?
¿Prefieres la falda de terciopelo o la de algodón?

Pronombres y adjetivos posesivos

En portugués, los pronombres y adjetivos posesivos tienen las mismas formas.

	Singular	Plural
Eu	*meu, minha*	*meus, minhas*
	mío, mía, mi	míos, mías, mis
Tu	*teu, tua*	*teus, tuas*
	tuyo, tuya, ti	tuyos, tuyas, tus
Ele, ela	*seu, sua*	*seus, suas*
	suyo, suya, su	suyos, suyas, sus

Nós	*nosso, nossa*	*nossos, nossas*
	nuestro, nuestra	nuestros, nuestras
Vós/vocês	*vosso, vossa*	*vossos, vossas*
	vuestro, vuestra	vuestros, vuestras
Eles, elas	*seu, sua*	*seus, suas*
	suyo, suya, su	suyos, suyas, sus

Los posesivos concuerdan en género y número con el nombre que indica el objeto poseído.

Pronombres posesivos

Siempre siguen al sustantivo. El uso del artículo determinado delante de un pronombre posesivo siempre comporta un cambio semántico.

Este caderno é meu.
Este cuaderno es mío.

Este caderno é o meu.
Este cuaderno es el mío.

En el primer ejemplo se refuerza la idea de posesión, mientras que en el segundo el objeto poseído se diferencia de otros de la misma especie que no pertenecen a la misma persona.

Al pronombre de sustitución de la segunda persona del singular **você** le corresponden los posesivos de la tercera persona **seu(s)** y **sua(s).**

Para evitar la ambigüedad y precisar el poseedor, las formas de la tercera persona se pueden sustituir por las formas en genitivo

dele(s), de você, dela(s), do(a) senhor(a), que se posponen al sustantivo.

o seu telefone = o telefone dele
su teléfono

Adjetivos posesivos

Generalmente, los adjetivos posesivos preceden al sustantivo, con el que concuerdan en género y número.

Os nossos sapatos.
Nuestros zapatos.

A diferencia del español, en portugués los adjetivos posesivos suelen ir precedidos del artículo determinado. Aunque se pueden omitir en el lenguaje literario o en la lengua muy formal.

A minha mala.
Mi maleta.

Los adjetivos posesivos pueden ir detrás del sustantivo cuando este último:

— no va acompañado de un artículo determinado;

Espero notícias tuas em breve.
Espero noticias tuyas en breve.

— va precedido por un artículo indeterminado;

Um amigo meu.
Un amigo mío.

— va precedido de un adjetivo demostrativo;

Recebi esta carta sua anteontem.
Anteayer recibí esta carta suya.

— va precedido de un numeral;

Três tios meus.
Tres tíos míos.

— va precedido de un adjetivo indefinido.

Alguns colegas meus.
Algunos compañeros míos.

Grado del adjetivo

En portugués, el adjetivo calificativo y algunos adverbios pueden presentarse en dos grados: el comparativo y el superlativo.

Comparativo

Comparativo de superioridad, cuya fórmula es **mais** + adjetivo/adverbio + **(do) que.**

As casas do centro são mais caras (do) que as da periferia.
Las casas del centro son más caras que las de la periferia.

Algunos adjetivos/adverbios poseen un comparativo de superioridad irregular. Los más empleados son:

Adjetivo/Adverbio	Comparativo de superioridad
bom/bem	*melhor*
bueno/bien	mejor
mau/mal	*pior*
malo/mal	peor
grande	*maior*
grande	mayor
pequeno	*menor*
pequeño	menor

O vinho tinto é melhor do que o branco.
El vino tinto es mejor que el blanco.

Respecto del comparativo **pequeno,** es preferible emplear la forma analítica.

Esta cozinha é mais pequena do que a da casa antiga.
Esta cocina es más pequeña que la de la antigua casa.

Comparativo de inferioridad, que sigue la fórmula **menos** + adjetivo/adverbio + **(do) que.**

Lisboa é menos fria (do) que Nova Iorque.
Lisboa es menos fría que Nueva York.

Tanto en el comparativo de superioridad como en el de inferioridad, cuando el segundo término de la comparación es un verbo, siempre se emplea **do que.**

Ela é mais nova do que parece.
Ella es más joven de lo que parece.

Comparativo de igualdad, cuyo esquema es **tão** + adjetivo/adverbio + **como/quanto.**

Ela não cocinha tão bem como/quanto pensa.
Ella no cocina tan bien como piensa.

Conviene tener presente que, cuando el segundo término de la comparación es un pronombre personal, siempre debe emplearse el pronombre personal sujeto.

A Sara é menos alta do que tu.
Sara es menos alta que tú.

Superlativo

El superlativo relativo expresa una idea de superioridad o inferioridad de un elemento respecto a todos los otros que presentan la misma cualidad. Se forma anteponiendo al adjetivo **mais** (más) o **menos** (menos).

Esta é a ponte mais comprida da Europa.
Este es el puente más largo de Europa.

El elemento de la comparación se expresa mediante un complemento introducido por una preposición, la más común es **de,** o por una locución relativa.

A mais bonita entre as concorrentes.
La más bonita entre las concursantes.

O livro menos interessante que li.
El libro menos interesante que he leído.

El superlativo absoluto puede expresarse de dos formas: adverbio de intensidad + adjetivo/adverbio o adjetivo/adverbio + sufijo **íssimo.**

A cidade é extraordinariamente suja.
La ciudad es extraordinariamente sucia.

Como en el caso del comparativo, algunos adjetivos/adverbios son irregulares. Los más empleados son:

Adjetivo	Sup. absoluto	Sup. relativo
bom	*óptimo*	*o melhor*
bueno	óptimo	el mejor
mau	*péssimo*	*o pior*
malo	pésimo	el peor
grande	*máximo*	*o maior*
grande	máximo	el mayor
pequeño	*mínimo*	*o menor*
pequeño	mínimo	el menor

Preposiciones articuladas

En portugués, existen unas preposiciones que adoptan una determinada forma al ir acompañadas de un artículo determinado, indeterminado o demostrativo.

La preposición **em** (en), cuando va acompañada de un artículo determinado, adopta las siguientes formas: **no (em + o), na (em + a), nos (em + os), nas (em + as).** Cuando es precedida por un artículo indeterminado, en cambio, las formas son las siguientes: **num (em + um), numa (em + uma), nuns (em + uns), numas (em + umas).**

Trabalho num laboratório.
Trabajo en un laboratorio.

Esta preposición también se puede articular con las diferentes formas del pronombre demostrativo: **naquele (em + aquele), naquela (em + aquela), naqueles (em + aqueles), naquelas (em + aquelas), naquilo (em + aquilo).**

Naquele dia o céu estava cinzento.
Durante aquel día el cielo estaba gris.

Las formas articuladas de la preposición **de** (de) son las siguientes: **do (de + o), da (de + a), dos (de + os), das (de + as)** —cuando le acompaña un artículo determinado— y **dum (de + um), duma (de + uma), duns (de + uns), dumas (de + umas)** —con un artículo indeterminado.

Venho duma cidadezinha ao pé de Toronto.
Vengo de una ciudad cerca de Toronto.

La preposición **a** (a) tiene la peculiaridad de que sólo se articula con los artículos determinados: **ao (a + o), à (a + a), aos (a + os), às (a + as).**

Encontramo-nos às três em ponto.
Nos encontramos a las tres en punto.

Y con el pronombre demostrativo **aquele,** donde la articulación se señala mediante el acento grave (`): **àquele (a + aquele), àquela (a + aquela), àqueles (a + aqueles), àquelas (a + aquelas), àquilo (a +aquilo).**

No domingo fui àquele museu de que me falaste.
El domingo fui a aquel museo del que me hablaste.

Y por último, la preposición **por** (por), cuando va delante de un artículo determinado, también se articula: **pelo (por + o), pela (por + a), pelos (por + os), pelas (por + as).**

A meta foi cortada em primeiro lugar pelo corredor argentino.
La meta fue cruzada en primer lugar por el corredor argentino.

Pretérito imperfecto de indicativo

En portugués, expresar una acción terminada en el pasado, una descripción o una narración en pasado puede realizarse de dos formas:

— verbo **costumar** (acostumbrar) en imperfecto de indicativo + infinitivo;

Ao domingo ele costumava tratar do jardim.
El domingo él acostumbraba a trabajar en el jardín.

— verbo en imperfecto de indicativo.

Dantes havia umas séries mais engraçadas na televisão.
Antes había unas series más divertidas en la televisión.

Para formar este tiempo verbal, se añaden a la raíz verbal las siguientes desinencias:

— 1.ª conjugación: **ava, avas, ava, ávamos, áveis, avam;**

— 2.ª conjugación: **ia, ias, ia, íamos, íeis, iam;**

— 3.ª conjugación: **ia, ias, ia, íamos, íeis, iam.**

Pero este tiempo verbal también presenta otros usos:

1. Para indicar una acción que se desarrollaba en el pasado cuando sucedió otra. La primera acción se expresa mediante el *pretérito imperfeito*, mientras que la que la interrumpe, con el *pretérito perfeito simples*.

Eu ainda dormia, quando o despertador tocou.
Aún dormía cuando sonó el despertador.

En estos casos, el *imperfeito* se puede sustituir por la perífrasis verbal **estar** (en imperfecto) + **a** + infinitivo.

Estava a chover, quando o avião aterrou.
Estaba lloviendo cuando aterrizó el avión.

2. Para indicar dos acciones que se desarrollaban contemporáneamente en el pasado. Generalmente se conectan mediante adverbios/expresiones temporales como **enquanto** (mientras).

Enquanto lia o livro, assinalava as partes mais interessantes.
Mientras leía el libro, señalaba las partes más interesantes.

3. Expresar de una manera educada el deseo o la voluntad en sustitución del condicional simple.

Preferia ir ver o filme da sala 3.
Preferiría ir a ver la película de la sala 3.

4. Expresar una hipótesis, en sustitución del condicional simple.

Son irregulares los siguientes verbos: **ser** (ser), **ter** (tener), **pôr** (poner) y **vir** (venir).

	Ser	Ter	Pôr	Vir
eu	era	tinha	punha	vinha
tu	eras	tinhas	punhas	vinhas
ele, ela	era	tinha	punha	vinha
nós	éramos	tínhamos	púnhamos	vínhamos
vós	éreis	tínheis	púnheis	vínheis
eles, elas	eram	tinham	punham	vinham

Los días de la semana

Se expresan con los numerales ordinales más el término **feira,** excepto **terça-feira, sábado** y **domingo.** La palabra **feira** se puede omitir.

a segunda-feira	lunes
a terça-feira	martes
a quarta-feira	miércoles
a quinta-feira	jueves
a sexta-feira	viernes
o sábado	sábado
o domingo	domingo

Sesión de tarde

Vocabulario

fábrica	*oficina*
fábrica	oficina
escritório	*empresa*
despacho	empresa

loja	*ordenado*
tienda	sueldo
interessante	*ganhar, receber*
interesante	ganar
agradável	*salário*
agradable	salario
monótono	*chefe*
monótono	jefe
desagradável	*feriado*
desagradable	festivo
difícil	*colega*
difícil	colega
perigoso	*horário*
peligroso	horario
fácil	*director*
fácil	director
cansativo	*sindicato*
cansado	sindicato
emocionante	*pensão*
emocionante	pensión

Pronombres personales de complemento directo

Cuando realizan la función de complemento directo, los pronombres personales toman las siguientes formas:

Singular: **me, te, o** (masc.), **a** (fem.).
Plural: **nos, vos, os** (masc.), **as** (fem.).

A **você** le corresponde la forma de la tercera persona del singular y a **vocês**, la segunda y tercera del plural.

Respecto al pronombre de la tercera persona, cuando va detrás del verbo, su forma depende de la letra final de este.

Si la forma verbal termina en **r, s** o **z,** estas consonantes se omiten y el pronombre aparece como **lo, la, los, las.** Lo mismo sucede con la palabra invariable **eis** (he aquí), que se convierte en **ei-lo.**

Escreve-las à mão ou no computador?
¿Las escribe a mano o a ordenador?

Si la forma verbal termina en un diptongo nasal, el pronombre es **no, na, nos, nas.**

Elas protegem-no demasiado.
Ellas lo protegen demasiado.

Cuando el verbo termina en vocal o diptongo oral, el pronombre mantiene las formas **o, a, os, as.**

Conheço-o há mais tempo que tu.
Lo conozco desde hace más tiempo que tú.

Pronombres relativos

Al igual que los indefinidos, los pronombres relativos pueden ser invariables o variables.
Los pronombres invariables más empleados son: **que** (que), **quem** (quien/quienes), **onde** (donde), **aonde** (adonde).

O cão que me mordeu não estava vacinado.
El perro que me mordió no estaba vacunado.

A igreja onde nos casámos já não existe.
La iglesia donde nos casamos ya no existe.

Los variables más utilizados en portugués son: **o qual, a qual, os quais, as quais** (el/la cual, los/las cuales); **cujo, cuja, cujos, cujas** (cuyo/a/os/as); **quanto, quantos, quantas** (cuanto/os/as).

A música de que mais gosto é o fado.
La música que más me gusta es el fado.

A casa cujo telhado caiu com a chuva vai ser demolida.
La casa cuyo tejado se cayó por la lluvia será demolida.

Los números ordinales

Los números ordinales varían en género y número dependiendo del sustantivo al cual acompañan.

primeiro   primero
segundo   segundo

terceiro	tercero
quarto	cuarto
quinto	quinto
sexto	sexto
sétimo	séptimo
oitavo	octavo
nono	noveno
décimo	décimo
décimo primeiro	undécimo
vigésimo	vigésimo
trigésimo	trigésimo
quadragésimo	cuadragésimo
quinquagésimo	quincuagésimo
sexagésimo	sexagésimo
septuagésimo	septuagésimo
octogésimo	octogésimo
nonagésimo	nonagésimo
centésimo	centésimo

Futuro simple de indicativo

El *futuro simples do indicativo* se forma con el infinitivo del verbo más las siguientes desinencias, iguales para las tres conjugaciones: **ei, ás, á, emos, eis, ão.**

Modifican la raíz los verbos: *fazer* (hacer), *farei; trazer* (traer), *trarei; dizer* (decir), *direi.*

Este tiempo verbal se emplea para expresar acontecimientos ciertos o probables que sucederán después del momento exacto en que se habla.

Amanhã o Presidente fará uma comunicação ao país.
Mañana el presidente dará un comunicado al país.

Manifestar la incerteza, la posibilidad, la duda o la suposición respecto a un hecho futuro.

A que horas chegará o avião?
¿A qué hora llegará el avión?

Expresar una suposición o probabilidad en el presente.

Oiço um ruído lá fora. Será com certeza a chuva a cair no telhado.
Siento ruido fuera. Seguramente será la lluvia que cae sobre el tejado.

Expresar una orden, un deseo o una súplica.

Farás o que eu te digo.
Harás lo que te digo.

Si lo que se pretende es manifestar una duda respecto a un hecho pasado, presente o futuro, también se puede utilizar la estructura **será que** más el verbo principal conjugado en indicativo.

Será que vai chover?
¿Lloverá?

En portugués, para expresar una acción futura inmediata o próxima normalmente se emplea la perífrasis verbal **ir** + infinitivo.

O Luís vai levar uma amiga francesa ao jantar.
Luis traerá a una amiga francesa a la cena.

Y cuando se quiere indicar la intención de realizar una acción en el futuro, se utiliza la perífrasis verbal **haver** + **de** + infinitivo. En este caso, conviene saber que las formas verbales monosilábicas van separadas de la preposición **de** mediante un guión.

Um destes dias havemos de levar as crianças ao jardim zoológico.
Uno de estos días hemos de llevar a los niños al zoológico.

Hei-de convencê-lo a ficar mais uns dias.
He de convencerlo para permanecer unos días más.

Tal y como sucede en español, en portugués el futuro también puede expresarse mediante el presente de indicativo.

Na quarta-feira de manhã tenho una consulta no dentista.
El miércoles por la mañana tengo visita con el dentista.

Frases útiles para viajeros

Presentaciones

O meu nome é Silvie Gomes.
Mi nombre es Silvia Gomes.

Chamo-me Oscar Santana.
Me llamo Óscar Santana.

Como se chama?
¿Cómo se llama?

Qual é o seu/teu nome?
¿Cuál es su/tu nombre?

Queria apresentar-te/lhe a Ana.
Me gustaría presentarte/le a Ana.

Esta aqui é a Silvie.
Esta es Silvia.

Muito prazer./Muito gosto.
Mucho gusto.

Onde é que mora/moras? Onde é que vive/vives?
¿Dónde vive/vives?

Moro em Lisboa.
Vivo en Lisboa.

A minha morada é...
Mi dirección es...

Moro na rua...
Vivo en la calle...

O meu número de telefone é...
Mi número de teléfono es...

O que é que o senhor faz?
¿A qué se dedica?

Qual é a sua/tua profissão?
¿Cuál es su/tu profesión?

Eu sou estudante.
Yo soy estudiante.

Ele/ela é enfermeira.
Él/ella es enfermero/a.

Eu trabalho num escritório.
Yo trabajo en un despacho.

Eles trabalham em casa.
Ellos trabajan en casa.

Ela serve à mesa num restaurante.
Ella es camarera en un restaurante.

Sou casado(a)/solteiro(a)/divorciado(a)/viúvo(a).
Soy casado(a)/soltero(a)/divorciado(a)/viudo(a).

Una invitación

Queres/quer ir jantar fora/ir ao cinema/ao teatro...?
¿Quieres/quiere salir a cenar/ir al cine/ir al teatro...?

Vamos passear/ver uma exposição...?
¿Vamos a pasear/ver una exposición...?

Apetece-te/lhe ir à praia?
¿Te/le apetece ir a la playa?

O que é que achas/acha de ir a um bar?
¿Piensas/piensa ir a un bar?

Com todo o prazer.
Con mucho gusto. (formal)

Com muito gosto.
Con mucho gusto. (formal)

Está bem.
Vale. (informal)

Claro.
Claro.

De acordo.
De acuerdo.

Onde é que nos encontramos?
¿Dónde nos encontramos?

A que horas é que nos encontramos/me vens buscar?
¿A qué hora quedamos/vienes a buscarme?

Encontramo-nos em frente ao cinema/à porta do restaurante/em minha casa...
Nos encontramos enfrente del cine/en la puerta del restaurante/en mi casa...

Lamento, mas não posso.
Lo siento, pero no puedo.

Gostava muito mas não posso.
Me gustaría mucho, pero no puedo.

Porque é que não podes vir?
¿Por qué no puedes venir?

Estou doente.
Estoy enfermo/a.

Tenho de/que estudar.
Tengo que estudiar.

Tercera lección

Sesión de mañana

Vocabulario

prédio, edifício
edificio

apartamento
apartamento

vivenda
vivienda, casa

quarto
habitación

sala de jantar
comedor

cozinha
cocina

casa de banho
baño

sótão
desván

varanda
balcón

janela
ventana

porta
puerta

garagem
garaje

jardim
jardín

elevador
ascensor

escada
escalera

mesa
mesa

cadeira	*colchão*
silla	colchón
sofá	*almofada*
sofá	almohada, cojín
armário	*espelho*
armario	espejo
estante	*frigorífico*
estantería	frigorífico
alcatifa	*máquina de lavar roupa*
alfombra	lavadora
cama	*máquina de lavar loiça*
cama	lavavajillas
roupeiro	*televisor*
ropero	televisor

Participio pasado

Se forma sustituyendo la **r** del infinitivo por el sufijo **do.**

1.ª conjugación	*cantar* (cantar)	*cantado*
2.ª conjugación	*comer* (comer)	*comido*
3.ª conjugación	*partir* (partir)	*partido*

Tal y como puede observarse en el ejemplo anterior, los verbos de la segunda conjugación cambian la **e** de la raíz por una **i.**

Algunos verbos tienen el participio irregular, y muchas veces se parecen a las formas españolas. Algunos de los más empleados son: *abrir* (abrir), *aberto; cobrir* (cubrir) *coberto; dizer* (decir), *dito; escrever* (escribir), *escrito; fazer* (hacer), *feito; pôr* (poner), *posto; ver* (ver), *visto; vir* (venir), *vindo.*

El participio se emplea con los auxiliares **ter** (tener) y **haver** (haber) para formar los tiempos compuestos.

Tenho-os encontrado na faculdade.
Los he encontrado en la facultad.

Eu tinha-a visto uns dias antes.
Yo la había visto unos días antes.

Pretérito perfecto compuesto de indicativo

Mientras que el *pretérito perfeito simples* expresa una acción completa en el pasado, el *pretérito perfeito composto* se emplea para expresar una acción que empezó en el pasado y aún no ha concluido. Así pues, el énfasis de este tiempo verbal radica fundamentalmente en la continuidad y en la repetición.

Nas últimas semanas não tenho tido tempo para nada.
En las últimas semanas no he tenido tiempo para nada.

El uso de adverbios/locuciones adverbiales como **nas últimas semanas** (en las últimas semanas), **ultimamente** (últimamente),

nos últimos tempos (en los últimos tiempos) refuerza el aspecto temporal del verbo.

El *pretérito perfeito composto* se construye con el auxiliar **ter** (tener) en presente de indicativo más el participio pasado del verbo principal.

Temos feito todo o possível para o ajudar.
Hemos hecho todo lo posible para ayudarlo.

Tenho lido muitas notícias sobre a nova estação orbital.
He leído muchas noticias sobre la nueva estación orbital.

Pronombres personales de complemento indirecto

Formas átonas

Cuando los pronombres personales realizan la función de complemento indirecto y no van precedidos de una preposición, adoptan las siguientes formas:

Singular: **me, te, lhe.**
Plural: **nos, vos/lhes, lhes.**

Ofereceram-nos um ramo de flores à chegada ao aeroporto.
Nos regalaron un ramo de flores al llegar al aeropuerto.

Al pronombre de tratamiento **você** le corresponde la forma de la tercera persona del singular.

Formas tónicas

Cuando van precedidos de una preposición, los pronombres personales adoptan las siguientes formas:

Singular: **mim, ti, ele, ela.**
Plural: **nós, vós, eles, elas.**

A **você** y **vocês** les corresponden **si** y **vós** o **vocês,** respectivamente.

Esse é um problema entre vós/vocês. Resolvam-no como quiserem.
Ese es un problema entre ustedes. Resuélvanlo como quieran.

Cuando van precedidos de la preposición **com** (con), los pronombres personales son: **comigo, contigo, consigo, com ele/ela, connosco, convosco, com eles/elas.**

Encontrou-se comigo antes de tomar uma decisão.
Se encontró conmigo antes de tomar una decisión.

Pronombres y adjetivos indefinidos

Los indefinidos pueden ser variables o invariables. Los invariables más empleados son: **alguém** (alguien), **ninguém** (nadie), **algo** (algo), **nada** (nada) —que sólo funcionan como pronombres—, **tudo** (todo) y **cada** (cada).

Alguém sabe onde estão as minhas chaves?
¿Alguien sabe dónde están mis llaves?

Algunos de los indefinidos variables más empleados en portugués son: **algum, alguma, alguns, algumas** (alguno/a/os/as); **nenhum, nenhuma, nenhuns, nenhumas** (ninguno/a/os/as); **outro, outra, outros, outras** (otro/a/os/as); **muito, muita, muitos, muitas** (mucho/a/os/as); **pouco, pouca, poucos, poucas** (poco/a/os/as); **vário, vária, vários, várias** (varios/as); **qualquer, quaisquer** (cualquier, cualesquiera).

Há algumas calculadoras que são verdadeiros computadores.
Hay algunas calculadoras que son verdaderos ordenadores.

Adverbios y locuciones adverbiales de pasado

Los principales adverbios o locuciones adverbiales que expresan una acción en pasado son:

— **ontem** (ayer), **ontem de manhã** (ayer por la mañana), **anteontem** (anteayer), **ontem à noite/tarde** (ayer por la noche/tarde);
— **no/a** + unidad de medida de tiempo + **passado/a: na semana passada/na passada semana** (la semana pasada), **no mês passado** (el mes pasado)...;
— **em** + demostrativo **aquele, aquela, aquilo** + expresión de tiempo: **naquele dia/mês/ano** (aquel día/mes/año), **naquela segunda-feira** (aquel lunes)...;
— **há** (hace/desde hace) + periodo de tiempo. Si el tiempo verbal es presente, indica el periodo transcurrido entre el pasado y el presente.

Estudamos português há pouco tempo.
Estudiamos portugués desde hace poco tiempo.

En cambio, para expresar una acción concluida en el pasado se emplea el *pretérito perfeito simples*.

O Vasco partiu para Macau há dois dias.
Vasco partió para Macau hace dos días.

— **desde** (desde/desde cuando) más momento en el tiempo:

Estou a fazer dieta desde Março.
Estoy haciendo dieta desde marzo.

Conviene tener presente que cuando se colocan al principio de la frase, las expresiones temporales con los términos **há** y **desde** van seguidas de **que.**

Há bastante tempo que estou à espera do resultado do concurso.
Hace bastante tiempo que estoy esperando el resultado del concurso.

Desde o Verão que não o vejo.
Desde el verano que no lo veo.

Oraciones afirmativas y negativas

En portugués, generalmente el orden de los elementos que conforman una oración afirmativa es el siguiente: sujeto + verbo + complemento directo + complemento indirecto.

Nós entregamos a chave ao proprietário.
Nosotros entregamos la llave al propietario.

Las oraciones negativas, en cambio, siguen el siguiente orden: sujeto + adverbio de negación + verbo + complementos. Los principales adverbios de negación empleados en portugués son: **jamais** (jamás), **não** (no), **nem** (ni) y **nunca** (nunca).

Eu nunca me levanto tarde.
Yo nunca me levanto tarde.

Gerundio

El gerundio expresa la duración o la repetición de una acción. En portugués existen dos formas: el *gerúndio simples* y el *gerúndio composto*.

Gerundio simple

Se obtiene quitando la **r** final del infinitivo y añadiendo **ndo:** *lavar* (lavar), *lavando; comer* (comer), *comendo; partir* (partir), *partindo*. Expresa una acción en curso que puede ser anterior, simultánea o posterior a la del verbo de la oración principal.

Cuando va al principio de la oración, expresa una acción posterior.

Chegando a casa, tirou o casaco.
Llegando a casa, se quitó la chaqueta.

Al lado del verbo principal, en cambio, normalmente implica una acción contemporánea.

Ele estuda ouvindo música.
Él estudia escuchando música.

Olhava-o chorando.
Lo miraba llorando.

Y tras la oración principal, indica una acción posterior.

Fugiram dali, saltando de cidade para cidade.
Escaparon de allí, huyendo de ciudad en ciudad.

El gerundio también puede expresar:

— causa;

Tendo dores de cabeça, decidiu ficar em casa.
Al tener dolor de cabeza, decidió quedarse en casa.

— modo;

Escrevo pondo a cabeça de lado.
Escribo poniendo la cabeza de lado.

— concesión;

Embora não estando preparado para o exame, tentou fazê-lo na mesma.
Aun no estando preparado para el examen, intento hacerlo.

— condición.

Só criando áreas protegidas se poderá travar a extinção de algumas espécies.
Sólo creando áreas protegidas se podrá impedir la extinción de algunas especies.

Gerundio compuesto

El gerundio puede ir acompañado de los verbos **andar, estar, ir** y **vir,** con los que forma una perífrasis verbal.

Estar + gerundio indica una acción en desarrollo. Se emplea mucho en el portugués de Brasil; en Portugal es preferible la variante **estar a** + infinitivo.

Estou a tirar um curso de português para estrangeiros.
Estoy haciendo un curso de portugués para extranjeros.

Ir + gerundio implica la duración de una acción que se realiza progresivamente o por fases.

Os convidados iam chegando de automóvel.
Los invitados ya están llegando en automóvil.

Ir (en imperfecto de indicativo) + gerundio, aparte del significado expresado en el punto anterior, también puede significar **quase** (casi).

Íamos caindo/Quase caímos por causa daquele buraco.
Casi nos caemos por culpa de aquel hoyo.

Vir + gerundio expresa una acción que empezó antes y que aún continúa.

O dia vinha nascendo.
El día estaba empezando.

Vinham chegando os carros.
Los coches están llegando.

Sesión de tarde

Vocabulario

alojamento
alojamiento

caravana
caravana

diária
precio por día

hotel
hotel

meia pensão
media pensión

parque de campismo
camping

pensão
pensión

pensão completa
pensión completa

piscina
piscina

pousada
hostal

pousada da juventude
albergue de juventud

quarto individual/de casal
habitación individual/doble

reservar
reservar

tenda
tienda

concurso
concurso

desenhos animados
dibujos animados

notícias
noticias

publicidade
publicidad

telejornal
telediario

banda sonora
banda sonora

comédia comedia	*filme de ficção científica* película de ciencia ficción
filme película	*filme de «cowboys»* película del oeste
filme de terror película de miedo	*filme de animação* película de animación

Pretérito pluscuamperfecto de indicativo

El *pretérito mais-que-perfeito do indicativo*, que se corresponde con el pretérito pluscuamperfecto de indicativo en español, presenta dos formas, una simple y otra compuesta, y se emplea para expresar una acción acabada antes de otras también pasadas o un hecho acontecido en un pasado indefinido.

Pluscuamperfecto simple

Se forma con el tema del *pretérito perfeito* más las siguientes desinencias, iguales para las tres conjugaciones: **ra, ras, ra, ramos, reis, ram.**

Tivera melhor sorte que o pai.
Había tenido más suerte que el padre.

Chegara cedo, comprara o jornal e sentara-se à espera.
Había llegado pronto, había comprado el periódico y se había sentado a esperar.

El pluscuamperfecto simple se limita al uso literario y se sustituye por la forma compuesta en el uso habitual. A pesar de ello, es bastante habitual en expresiones exclamativas que indican deseo.

Tomara que ele chegue!
¡Ojalá que llegue!

Quem me dera que tu pudesses vir!
¡Ojalá pudieras venir!

Pluscuamperfecto compuesto

Este tiempo verbal se forma con el pretérito imperfecto del auxiliar **ter** (tener) o **haver** (haber) más el participio pasado del verbo principal. Se usa tanto en la lengua hablada como en la escrita.

Quando chegámos, os nossos amigos já tinham preparado tudo.
Cuando llegamos, nuestros amigos ya lo habían preparado todo.

Nunca tinha estado no Rio de Janeiro.
Nunca había estado en Río de Janeiro.

Adverbios y locuciones adverbiales de futuro

Los más empleados son: **logo** (luego), **amanhã** (mañana), **depois de amanhã** (pasado mañana), **amanhã de manhã/à**

tarde/à noite (mañana por la mañana/por la tarde/por la noche), **logo à tarde/à noite** (esta tarde/esta noche), **na semana/no mês que vem** (la semana/el mes que viene), **a próxima/o semana/mes** (la/el próxima/o semana/mes), **daqui a dois dias/um mês** (de aquí a dos días/un mes)...

O campeonato do mundo de esgrima terá lugar daqui a um mês.
El campeonato del mundo de esgrima tendrá lugar de aquí a un mes.

Pronombres personales articulados

Los pronombres articulados se forman siguiendo el siguiente esquema: pronombre personal de complemento indirecto + pronombre personal de complemento directo.

Cuando hay dos pronombres átonos en una misma proposición, estos pueden ser articulados:

mo (me + o)	ma (me + a)	mos (me + os)	mas (me + as)
to (te + o)	ta (te + a)	tos (te + os)	tas (te + as)
lho (lhe + o)	lha (lhe + a)	lhos (lhe + os)	lhas (lhe + as)
no-lo (nos + o)	no-la (nos + a)	no-los (nos + os)	no-las (nos + as)
vo-lo (vos + o)	vo-la (vos + a)	vo-los (vos + os)	vo-las (vos + as)
lho (lhes + o)	lha (lhes + a)	lhos (lhes + os)	lhas (lhes + as)

Mostro-lhe o relógio.   *Mostro-lho.*
Le muestro el reloj.   Se lo muestro.

Damos-te uma pulseira.   *Damos-ta.*
Te regalamos una pulsera.   Te la regalamos.

Imperativo

Este tiempo verbal se utiliza para dar consejos, instrucciones, sugerencias y órdenes o para realizar peticiones.

Vá sempre em frente até ao cruzamento.
Vaya siempre recto hasta el cruce.

Carregue no botão verde e rode o manípulo para a direita.
Pulse el botón verde y gire el tirador hacia la derecha.

Afirmativo

Presenta formas propias sólo para la segunda persona del singular **(tu)** y del plural **(vós),** las cuales derivan de las correspondientes formas del presente de indicativo, a las que se les quita la **s** final.

		Presente de indicativo	Imperativo afirmativo
Vir (venir)	tu	vens	vem
	vós	vindes	vinde
Ler (leer)	tu	lês	lê
	vós	ledes	lede
Pôr (poner)	tu	pões	põe
	vós	pondes	ponde

Los verbos **dizer** (decir), **fazer** (hacer), **trazer** (traer) y los que terminan en **uzir** pierden la **e** en la segunda persona del singular: *dizer, diz; trazer, traz; fazer, faz; traduzir, traduz.*

Respecto a la segunda persona del plural **vós,** es preferible utilizar **vocês** más la forma verbal de la tercera persona del plural del presente de subjuntivo: *venham!* (¡venid!), *leiam!* (¡leed!), *ponham!* (¡poned!).

Para el resto de personas (excepto la primera y la tercera del singular, inexistentes en este tiempo), se emplean las formas del presente de subjuntivo.

Tal y como sucede en otros tiempos verbales, con el pronombre de tratamiento **você** se utiliza la forma verbal de la tercera persona del singular:

Por favor, diga ao senhor Ferreira que queria falar com ele.
Por favor, dígale al señor Ferreira que querría hablar con él.

Faça de conta que não lhe disse nada.
Ten en cuenta que no le dije nada.

El imperativo afirmativo del auxiliar **ser** (ser) es irregular en la segunda persona del singular y del plural: **sê** y **sede,** respectivamente.

Negativo

Las formas verbales del imperativo negativo son iguales a las del presente de subjuntivo.

Não estacione em cima do passeio.
No aparque encima de la acera.

Não se esqueçam de pôr o cinto de segurança.
No se olviden de ponerse el cinturón de seguridad.

Posición del pronombre

Generalmente, el pronombre personal sujeto solamente se utiliza en este tiempo para enfatizar, en cuyo caso va pospuesto a la forma verbal.

En los verbos reflexivos en forma afirmativa, el pronombre también va pospuesto al verbo.

Sente-se!
¡Siéntese!

En la forma negativa, en cambio, precede al verbo.

Não se zanguem!
¡No se enfaden!

Não te preocupes!
¡No te preocupes!

Adverbios terminados en mente

Un gran número de adverbios se obtienen añadiendo el sufijo **mente** a la forma femenina del adjetivo. Es importante saber que cuando el adjetivo va acentuado, el adverbio pierde el acento.

confortável   *confortavelmente*
(confortable)   (confortablemente)

amável   *amavelmente*
(amable)   (amablemente)

Come-se optimamente no restaurante do hotel.
Se come muy bien en el restaurante del hotel.

Cuando en una oración dos o más adverbios acabados en **mente** modifican la misma palabra, sólo el último adjetivo toma el sufijo, a no ser que la intención sea enfática.

Frases útiles para viajeros

De viaje

A que horas (é que) parte o expresso para o Porto?
¿A qué hora sale el expreso para Oporto?

De que linha (é que) parte o comboio para Faro?
¿De qué línea sale el tren para Faro?

Quanto tempo (é que) leva a chegar a Lagos?
¿Cuánto tiempo se tarda en llegar a Lagos?

É preciso fazer reserva?
¿Hay que hacer reserva?

Queria marcar o regresso para dia 5.
Querría reservar la vuelta para el día 5.

Vou a 15 e volto a 25.
Salgo el 15 y vuelvo el 25.

Queria um bilhete (de ida e volta) para o Algarve, se faz favor.
Querría un billete de ida y vuelta para Algarve, por favor.

Podia levar-me ao aeroporto?
¿Podría llevarme al aeropuerto?

Deus queira que não me percam a bagagem.
Dios quiera que no me pierdan el equipaje.

Onde (é que) posso comprar um bilhete de autocarro?
¿Dónde puedo comprar un billete para el autobús?

Como (é que) se vai para o hospital?
¿Cómo se va al hospital?

Por aqui vou bem para a Avenida da Liberdade?
¿Por aquí voy bien para la Avenida da Liberdade?

Qual (é que) é o caminho mais curto para o centro?
¿Cuál es el camino más corto para ir al centro?

Vá sempre em frente.
Vaya siempre recto.

Vire à direita/à esquerda.
Gire a la derecha/a la izquierda.

Atravesse a rua.
Atraviese la calle.

Há alguma farmácia perto daqui?
¿Hay alguna farmacia cerca de aquí?

Onde (é que) é o supermercado mais próximo?
¿Dónde está el supermercado más cercano?

A biblioteca fica depois do cruzamento.
La biblioteca está después del cruce.

A livraria fica na esquina da rua ... com a rua ...
La librería está en la esquina de la calle ... con la calle ...

Há uma drogaria entre a florista e a peixaria.
Hay una droguería entre la floristería y la pescadería.

Ao lado do café há uma sapataria.
Al lado del café hay una zapatería.

Se tiver tempo, vou ver esse museu.
Si tengo tiempo, iré a ver ese museo.

Aonde (é que) vais de férias?
¿A dónde vas de vacaciones?

Quanto tempo (é que) vais ficar na Madeira?
¿Cuánto tiempo estarás en Madeira?

El clima

Como é (que é) o clima dos Açores?
¿Cómo es el clima de las Azores?

Está frio nesta altura do ano?
¿Hace frío en esta época del año?

Qual é (que é) a temperatura média nesta altura do ano?
¿Cuál es la temperatura media en esta época del año?

Será que no Rio de Janeiro está calor?
¿Hará calor en Río de Janeiro?

Já não posso com esta chuva.
Ya no puedo con esta lluvia.

Espero que o tempo esteja bom.
Espero que el tiempo sea bueno.

Há não sei quantas semanas que chove quase todos os dias.
Hace unas cuantas semanas que llueve casi todos los días.

Cuarta lección

Sesión de mañana

Vocabulario

clima	*nuvem*
clima	nube
abafado	*céu*
sofocante	cielo
aguaceiro	*chover*
aguacero	llover
neve	*chuva*
nieve	lluvia
nevar	*chuviscar*
nevar	lloviznar
nevoeiro	*piorar*
niebla	empeorar
nublado	*melhorar*
nublado	mejorar

arrefecer	*trovejar*
refrescar	tronar
calor	*trovoada*
calor	tormenta, tronada
quente	*geada*
caliente	helada
frio	*humidade*
frío	humedad
relâmpago	*húmido*
relámpago	húmedo
relampejar	*vento*
relampaguear	viento
encoberto	*ventar*
cubierto	ventear
trovão	*alvorecer*
trueno	alborear

Oraciones interrogativas

En portugués existen dos tipos de oraciones interrogativas: las totales y las parciales.

Las primeras son las preguntas desprovistas de pronombre o adverbio interrogativo. Las segundas, en cambio, van introducidas por uno de esos elementos.

Interrogativas totales

En estas oraciones interrogativas, los elementos de la oración siguen el mismo orden que en las afirmativas, es decir, sujeto + verbo + predicado o complemento.

A Luísa é casada?
¿Luisa está casada?

La respuesta afirmativa a estas interrogativas se obtiene utilizando el adverbio de afirmación **sim** (sí) seguido o precedido del verbo de la pregunta.

Eles moram aqui? Sim, moram./Moram, sim.
¿Ellos viven aquí? Sí, viven./Viven, sí.

También puede emplearse la (doble) repetición del verbo de la pregunta.

Eles moram aqui? Moram./Moram, moram.
¿Ellos viven aquí? Viven./Viven, viven.

Y finalmente, puede usarse el adverbio **claro** sólo o acompañado de **que** + el verbo de la pregunta.

Eles moram aqui? Claro. Claro que moram.
¿Ellos viven aquí? Claro. Claro que viven.

La respuesta negativa, en cambio, se obtiene utilizando el adverbio de negación **não** (no) sólo o acompañado del verbo de la pregunta.

Eles moram aqui? Não, não./Não, não moram./Não moram, não.
¿Ellos viven aquí? No, no./No, no viven./No viven, no.

También puede emplearse el adverbio **claro** + **que não.**

Eles moram aqui? Claro que não.
¿Ellos viven aquí? Claro que no.

Interrogativas parciales

Tal y como se ha mencionado anteriormente, estas preguntas se caracterizan por ir introducidas por un pronombre o adverbio interrogativo.

El pronombre va seguido de la locución no obligatoria **é que** y del verbo. El sujeto se sobrentiende.

Onde (é que) moras?
¿Dónde vives?

Qual (é que) é o teu nome?
¿Cuál es tu nombre?

El adverbio o el pronombre también pueden ir detrás del verbo, excepto cuando el pronombre realiza la función de sujeto.

Donde (é que) vens?/Vens donde?
¿De dónde vienes?

Interrogativas con sujeto expreso

Si se utiliza la locución enfática, el orden es: pronombre interrogativo + **é que** + sujeto + verbo.

O que é que tu fazes?
¿Qué es lo que haces?

Sin la locución, en cambio, se invierte el orden sujeto-verbo, por lo que el orden de la oración es: pronombre interrogativo + verbo + sujeto.

O que fazes tu?
¿Qué haces?

Pronombres interrogativos

Los principales pronombres interrogativos en portugués son: **que** (qué/qué tipo de), **cual** (cuál) y **quem** (quién).

Que es un pronombre invariable y puede significar «qué» e ir reforzado por el artículo determinado de género masculino **o.**

O que é que fazes?
¿Qué haces?

O significar «qué tipo de», en cuyo caso puede referirse tanto a cosas como a personas y no debe ir precedido del artículo determinado.

Que amigos é que encontraste na rua?
¿Qué amigos te encontraste en la calle?

Que carro é esse?
¿Qué coche es ese?

Qual es un pronombre con número: **qual** (cual) en singular y **quais** (cuales) en plural. Tiene un valor selectivo y puede referirse tanto a personas como a cosas.

Qual é a tua colega de apartamento?
¿Cuál es tu compañera de apartamento?

Quais são os teus livros?
¿Cuáles son tus libros?

Quem (quién) es invariable y sólo se refiere a personas.

Quem é que deixou a porta aberta?
¿Quién dejó la puerta abierta?

Aunque en las oraciones con el verbo **ser** puede aparecer en plural.

Quem são os candidatos à eleiçao?
¿Quiénes son los candidatos a las elecciones?

Adverbios interrogativos

Los principales adverbios interrogativos son: **como** (cómo), **onde/aonde** (dónde, adónde), **quando** (cuándo) y **por que/porque** (por qué).

Como es un adverbio interrogativo de modo.

Como estão os teus pais?
¿Cómo están tus padres?

Cuando se utiliza con el verbo **chamar-se** (llamarse) sirve para identificar a una persona.

Como se chama o seu amigo?
¿Cómo se llama su amigo?

Onde/aonde indica situación en un lugar.

Onde é que moras? Em Vila Franca de Xira.
¿Dónde vives? En Vila Franca de Xira.

Onde é que estudas? Na Universidade de Coimbra.
¿Dónde estudias? En la Universidad de Coimbra.

Aonde é que vamos? A um restaurante.
¿Adónde vamos? A un restaurante.

Tal y como puede desprenderse de estos últimos ejemplos, en la respuesta a una pregunta con **onde** se emplea la preposición **em,** mientras que a una pregunta con **aonde** se utiliza la preposición **a.**

Por que/porque se diferencian en que el primer caso se usa siempre delante de un sustantivo.

Por que razão há greve?
¿Por qué motivo hay huelga?

Todos los interrogativos que incluyen la partícula **que** son átonos a principio de la oración y tónicos cuando están al final, delante de la pausa o solos, en cuyo caso llevan acento cincunflejo (^).

O que é que compraste?
¿Qué compraste?

Chegaste atrasado porquê?
¿Por qué llegaste tarde?

Não posso ir convosco. Porquê?
No puedo ir con vosotros. ¿Por qué?

El adverbio **quando** no entraña ninguna dificultad.

Quando (é que) é dia 20? Amanhã.
¿Cuándo es día 20? Mañana.

Condicional simple

En portugués, el *condicional simples* es un tiempo verbal poco utilizado, ya que en su lugar suele emplearse generalmente el imperfecto de indicativo.

Se forma con el infinitivo del verbo más las siguientes desinencias, iguales para las tres conjugaciones: **ia, ias, ia, íamos, íeis, iam.** Se utiliza básicamente para expresar la incerteza o la duda respecto a un hecho pasado.

Teria talvez vinte anos quando a conheci.
Tal vez tendría veinte años cuando la conocí.

También se emplea con la finalidad de indicar sorpresa o indignación en oraciones exclamativas e interrogativas.

Quem diria que ela ainda viria a ser famosa!
¡Quién diría que ella llegaría a ser famosa!

Condicional compuesto

El *condicional composto* se forma con el auxiliar **ter** en condicional más el participio pasado del verbo principal.
Generalmente se utiliza para expresar la posibilidad no realizada de un acto pasado.

Teria sido melhor esperar por ela.
Habría sido mejor esperarla.

Y también para indicar la incerteza en el pasado en oraciones interrogativas.

Onde teria ido o gato? Há dois dias que não voltava para casa.
¿Dónde habrá estado el gato? Hacía dos días que no volvía a casa.

Omisión del pronombre sujeto

Tal y como sucede en español, en portugués los pronombres personales sujetos se sobrentienden por la desinencia verbal, por lo que se pueden omitir.

Pode trazer-me uma garrafa de água, se faz favor?
¿Me puede traer una botella de agua, por favor?

El pronombre de la primera persona del plural **nós** se puede sustituir por la expresión **a gente** más el verbo en tercera persona del singular.

A gente estudou muito para o exame.
Hemos estudiado mucho para el examen.

Sesión de tarde

Vocabulario

aeroporto
aeropuerto

atraso
atraso

autocarro
autobús

avião
avión

chegada
llegada

classe turística/executiva
clase turista/business

comboio
tren

couchette
litera

eléctrico
tranvía

estação
estación

iate
yate

ida e volta
ida y vuelta

linha	*carteiro*
línea	cartero
metropolitano	*lista telefónica*
metro	listín telefónico
partida	*correio*
partida	correo
praça de táxis	*remetente*
parada de taxis	remitente
vagão-restaurante	*destinatário*
vagón restaurante	destinatario
voo	*selo*
vuelo	sello
carta	*encomenda*
carta	paquete
envelope	*telegrama*
sobre	telegrama

Adverbios de presente

En portugués, los principales adverbios de presente son **ainda** (todavía, aún) y **já** (ya).

Ainda tenho de fazer os trabalhos de casa.
Aún he de hacer las faenas de casa.

Ela já lavou a loiça.
Ella ya fregó los platos.

El adverbio **já** tiene la particularidad de poseer un matiz diferente, y por lo tanto una traducción al castellano, dependiendo del tipo de oración en la cual aparezca.

Se traduce como «ya» en las oraciones interrogativas.

Eles já trocaram de carro?
¿Ellos ya se han cambiado de coche?

En las frases afirmativas, se corresponde con «ya» o «ahora»:

Não vou sair. Já é tarde.
No voy a salir. Ya es tarde.

Y en las oraciones negativas significa «más»:

Já não fumo.
No fumo más.

A parte de estas acepciones, en algunas frases también puede significar «pronto».

O almoço está pronto?
¿La comida estará pronto?

Verbos impersonales

Además del verbo **haver,** cuando significa «existir» o «haber», un grupo de verbos que en portugués también son impersonales, es decir, que sólo se utilizan en tercera persona del singular, son los que describen los fenómenos atmosféricos o naturales. Algunos de los más empleados son: *amanhecer* (amanecer), *anoitecer* (anochecer), *chover* (llover), *nevar* (nevar), *saraivar* (granizar), *trovejar* (tronar) y *ventar* (ventear).

Quando anoiteceu, ele ainda não tinha voltado.
Cuando anocheció, él todavía no había vuelto.

Em Portugal só neva nas zonas altas.
En Portugal sólo nieva en las zonas altas.

Algunos verbos que expresan necesidad, conveniencia o sensaciones, cuando van acompañados por una preposición, también se emplean como impersonales.

Chega de problemas!
¡Basta de problemas!

Infinitivo pessoal simples

En portugués, el infinitivo puede tomar las desinencias de la segunda persona del singular y las tres del plural. Tales desinencias son iguales para las tres conjugaciones: **es, mos, des, em.**

É melhor pedirmos ajuda a alguém.
Es mejor pedir ayuda a alguien.

El *infinitivo pessoal* se utiliza después de las preposiciones **ao** (forma contraída de **a** + artículo determinado), **até** (hasta), **para** (para), **por** (por) y **sem** (sin), y tras la locución **a fim de** (a fin de que).

Ao descobrir a verdade, fiquei muito desiludida.
Al descubrir la verdad, se desilusionó mucho.

Para acabarem o trabalho precisaram de mais uma semana.
Para terminar el trabajo hemos necesitado más de una semana.

Tras expresiones impersonales.

É impossível descobrires onde ele está escondido.
Es imposible descubrir dónde está escondido.

Después de las locuciones **antes de** (antes de), **apesar de** (a pesar de), **depois de** (después de), **no caso de** (en el caso de).

Depois de jantarmos fui para casa.
Después de cenar me fui a casa.

No caso de precisares de um tradutor, eu conheço um que te posso indicar.
En el caso de necesitar un traductor, yo conozco a uno que te puede ayudar.

Es importante saber que, en portugués, las dos formas del infinitivo (conjugada o no) pueden emplearse indistintamente, ya que la diferencia entre ellas es más estilista que gramatical.

La forma conjugada del infinitivo sólo es obligatoria en dos casos:

1. Cuando el sujeto no está claro y su identificación depende de la desinencia.

Ao chegarmos à fronteira, a polícia apareceu.
Cuando llegamos a la frontera, apareció la policía.

2. Cuando el sujeto está expreso.

Até tu encontrares uma casa, podes ficar aqui comigo.
Hasta que tú no encuentres una casa, puedes quedarte aquí conmigo.

Infinitivo pessoal composto

Se forma con el auxiliar **ter** + desinencia del *infinitivo pessoal* + participio pasado.

Apesar de termos feito uma viagem de 7 horas, não estamos muito cansados.
A pesar de haber realizado un viaje de 7 horas, no estamos muy cansados.

Se utiliza en los mismos casos que la forma simple, cuando la acción es anterior a la oración principal.

La fecha

En portugués, la fecha se expresa con los números cardinales para los días y los años, excepto para el primer día del mes, que se indica con el ordinal.

Se pregunta:

Que dia é hoje?
¿Qué día es hoy?

A quantos estamos hoje?
¿A qué estamos hoy?

Y se contesta con la fórmula **hoje é** + día de la semana/fecha o **hoje estamos a** + fecha.

Hoje é domingo.
Hoy es domingo.

Hoje são dois de Abril.
Hoy es dos de abril.

Hoje estamos a cinco de Maio.
Hoy estamos a cinco de mayo.

Como puede observarse en los ejemplos anteriores, el artículo determinado no se utiliza delante del día.

La preposición **de** siempre se emplea entre el día y el mes, y entre este y el año.

22 de Julho de 1962.

Tal y como sucede en español, la fecha puede ir precedida del sustantivo **dia** (día).

No dia 21 tenho de ir buscar o meu primo ao aeroporto.
El día 21 debo ir a recoger a mi primo al aeropuerto.

Frases útiles para viajeros

El alojamiento

Onde é que fica a casa/o apartamento?
¿Dónde está la casa/el apartamento?

Quanto é que é a renda?
¿Cuánto cuesta el alquiler?

Quantas assoalhadas tem?
¿Cuántas habitaciones tiene?

Tem garagem/jardim...?
¿Tiene garaje/jardín...?

O quarto tem duche/banho/ar condicionado...?
¿La habitación tiene ducha/baño/aire acondicionado...?

O pequeno-almoço está incluído no preço?
¿El desayuno está incluido en el precio?

Quanto é (que é) a meia-pensão?
¿Cuánto cuesta la media pensión?

Tomara que o quarto tenha ar condicionado.
Espero que la habitación tenga aire acondicionado.

En el médico

Dói-me a cabeça.
Me duele la cabeza.

Tenho dores de cabeça.
Tengo dolor de cabeza.

Doem-me as costas.
Me duele la espalda.

Sinto-me mal.
Me encuentro mal.

Tenho tonturas.
Tengo vértigo.

Tenho um ardor na garganta.
Tengo un ardor en la garganta.

Tem tido febre ou tosse?
¿Ha tenido fiebre o tos?

Febre sim, uns trinta e oito trinta e oito e meio. Tosse não.
Fiebre sí, unos treinta y ocho, treinta y ocho y medio. Tos no.

Tem de descansar.
Tiene que descansar.

Não pode sair de casa.
No puede salir de casa.

Deve agasalhar-se bem.
Debe abrigarse bien.

Deve tomar um comprimido destes de 12 em 12 horas.
Debe tomar un comprimido de estos cada 12 horas.

Se não tiver melhorado dentro de três ou quatro dias ou começar a ter outros sintomas, ligue-me para o meu consultório ou para o meu telemóvel. Tem os números, não tem?
Si no mejora en tres o cuatro días o tiene otros síntomas, lláme-me a la consulta o a mi móvil. Tiene mi número, ¿verdad?

Precisa de ter paciência três ou quatro dias, até a febre baixar.
Debe tener paciencia durante tres o cuatro días, hasta que baje la fiebre.

Quinta lección

Sesión de mañana

Vocabulario

areia arena	*ilha* isla
praia playa	*rio* río
natureza naturaleza	*lago* lago
arredores alrededores	*mar* mar
paisagem paisaje	*montanha* montaña
bairro barrio	*barulhento* ruidoso
deserto desierto	*poluído* contaminado
floresta bosque	*calmo/sossegado* tranquilo

saudável saludable	*florista* floristería
limpo limpio	*igreja* iglesia
sujo sucio	*hospital* hospital
mercado mercado	*quiosque* quiosco
monumento monumento	*lavandaria* lavandería
farmácia farmacia	*livraria* librería

Verbos modales

En portugués, los verbos auxiliares de modo siempre van seguidos de un verbo en infinitivo y expresan:

— obligación, **ter que/de** (tener que), **dever** (deber);

Deve-se dizer sempre a verdade.
Se debe decir siempre la verdad.

— probabilidad: **dever** (deber de);

Oiço passos na rua. Deve ser o carteiro.
Oigo pasos en la calle. Debe de ser el cartero.

— permiso: **poder** (poder);

Não se pode estacionar deste lado do jardim.
No se puede aparcar en este lado del jardín.

— posibilidad: **poder** (poder);

Não posso ir ter convosco, porque estou à espera de um telefonema.
No puedo ir con vosotros porque estoy esperando una llamada telefónica.

— necesidad: **precisar de** (necesitar), **ter que/de** (tener que).

O meu cabelo está muito comprido. Preciso de o cortar.
Mi pelo está muy largo. Necesito cortármelo.

En pasado, estos verbos pueden hacer referencia a un hecho pasado, en cuyo caso van seguidos de infinitivo (personal o impersonal) compuesto. En estos casos, el verbo modal se sitúa delante del auxiliar o entre el auxiliar y el verbo principal.

Podia ter ido de comboio, se a estação fosse mais perto.
Podía haber ido en tren si la estación estuviese más cerca.

Devias ter feito o telefonema depois das 9.
Debías haber realizado la llamada telefónica después de las 9.00.

Posición de los pronombres

En portugués, los pronombres átonos (personales, de complemento y reflexivos) pueden aparecer en tres posiciones diferentes dentro de la oración: antes del verbo, en el interior del verbo y después del verbo.

Antes del verbo

Preceden al verbo en las oraciones que contengan un término negativo: *jamais* (jamás), *nada* (nada), *não* (no), *ninguém* (nadie), *nunca* (nunca), etc.

Nunca nos esquecemos de fechar a porta à chave antes de sair.
Nunca nos olvidamos de cerrar la puerta con llave antes de salir.

Cuando el sujeto de la oración contiene adjetivos y pronombres indefinidos o el numeral **ambos** (ambos).

Ambos se levantaram antes do despertador tocar.
Ambos se levantaron antes de que sonase el despertador.

En las oraciones introducidas por un elemento interrogativo.

Quando (é que) a puseste a arranjar?
¿Cuándo la llevaste a arreglar?

En las oraciones exclamativas.

Que Deus te oiça!
¡Qué Dios te oiga!

En un gran número de oraciones subordinadas (causales, condicionales, finales, relativas, temporales...).

Vamos viver para os Estados Unidos, dado que nos dão boas condições de trabalho.
Vamos a vivir a los Estados Unidos, ya que hay buenas condiciones de trabajo.

O homem que a assaltou já foi apanhado.
El hombre que la asaltó ya ha sido atrapado.

Cuando el verbo va precedido de **ainda** (todavía), **bem** (bien), **já** (ya), **mal** (mal), **oxalá** (ojalá), **sempre** (siempre), **só** (solo) y **talvez** (tal vez).

Acabei a tradução e já a entreguei à dactilógrafa.
Acabé la traducción y ya la entregué a la mecanógrafa.

Tras las preposiciones/locuciones que requieren infinitivo, como **para** (para), **sem** (sin), **até** (hasta, incluso), **por** (por), **apesar de** (a pesar de), **no caso de** (en el caso de).

Não te vás embora sem te despedires de mim.
No te vayas a ir sin despedirte de mí.

En las oraciones con **ou...ou** (o...o), **quer...quer** (ya...ya), **nem...nem** (ni...ni).

Nem me acompanhou a casa nem me telefonou depois.
Ni me acompañó a casa ni me telefoneó después.

Tras la locución enfática **é que.**

Vocês é que o estragaram por lhe darem tantos mimos.
Lo van a estropear por darle tantos mimos.

Después del verbo

Los pronombres átonos van después del verbo en las oraciones subordinadas, coordinadas y declarativas no enfáticas.

Vi o Zé e disse-lhe adeus.
Vi a Zé y le dije adiós.

Y en las oraciones interrogativas no introducidas por un elemento interrogativo.

Apresentas-me a tua amiga?
¿Me presentas a tu amiga?

En el interior del verbo

El pronombre va insertado en el verbo cuando este está en futuro de indicativo o en condicional simple. Se sitúa entre la raíz verbal y la desinencia, y separado por guiones.

Ver-nos-ão no próximo ano.
Nos veremos el próximo año.

Como la raíz del verbo siempre termina en **r,** cuando el pronombre es de tercera persona, tanto singular como plural, esta consonante desaparece y el pronombre adopta las siguientes formas: **lo, la, los, las.**

Eu contá-lo-ia com todos os pormenores.
Yo lo contaría con todos los detalles.

En las perífrasis verbales

Excepto en los casos en los que el pronombre se coloca delante del verbo, en las perífrasis verbales con infinitivo el pronombre puede situarse después del auxiliar o después del verbo principal; esta última posición es la más empleada.

Comprei este livro e tenho de o ler para segunda./Comprei este livro e tenho de lê-lo para segunda.
Compré este libro y tengo que leerlo para el lunes.

Lo mismo sucede con las perífrasis verbales con gerundio.

Ia-me explicando o que estávamos a ver./Ia explicando-me o que estávamos a ver.
Me explicó lo que estábamos viendo.

En cambio, cuando el infinitivo va detrás de la preposición **a,** el pronombre se coloca después del verbo principal.

Já não somos casados, mas continuamos a ver-nos com frequência.
Ya no estamos casados, pero continuamos viéndonos con frecuencia.

En las perífrasis verbales en las que el verbo principal es un participio pasado, el pronombre se coloca después del auxiliar.

Têm-no vigiado, desde que o consideram suspeito.
Está siendo vigilado desde que lo consideran sospechoso.

Formación del plural

Por norma general, para formar el plural de un sustantivo se añade una **s** al singular.

Singular Plural
chapéu *chapéus* sombrero/s

Los sustantivos que terminan en **m** cambian la consonante final por **n** y añaden **s.**

atum *atuns* atún, atunes

Los sustantivos que terminan en **ão** pueden:

— cambiar a **ões** o **ães;**

canção *canções* canción, canciones
cão *cães* perro/s

— añadir una **s** al singular;

mão *mãos* mano/s

— presentar más de una forma plural.

ancião *anciãos, anciões, anciães* anciano/s

Si el sustantivo termina en **n, r** o **z** hace el plural añadiendo **es.**

rapaz *rapazes* muchacho/s

Generalmente, los sustantivos que terminan en **s** añaden **es** al singular; aunque hay algunos, como **lápis** (lápiz) y **oásis** (oasis), que permanecen invariables.

país   *países*   país, países

Los sustantivos que terminan en **al, el, ol** o **ul** sustituyen la consonante final por **is.**

lençol   *lençois*   sábana/s

Excepciones: **mal, males** (mal, males); **cônsul, consules** (cónsul, cónsules).

Y por último, las palabras que terminan en **il** cambian la **l** final por una **s.** Pero si son llanas, sustituyen la **l** por **eis.**

barril   *barris*   barril, barriles
réptil   *répteis*   reptil, reptiles

Sustantivos con un único número

Algunos sustantivos sólo se emplean en plural.

arredores   alrededores
óculos   gafas
férias   vacaciones

O en singular:

ferro   hierro
ouro   oro
paciência   paciencia

Otros, en cambio, modifican su significado en plural.

ferro hierro (metal)
ferros instrumentos quirúrgicos

Plural de los sustantivos compuestos

Si el sustantivo está formado por dos palabras unidas sin guión, el plural se forma igual que con los sustantivos simples.

Singular   Plural
pontapé   *pontapés*   fútbol
malmequer   *malmequeres*   margarita/s

Cuando el sustantivo está formado por dos palabras unidas por una preposición, sólo la primera se pone en plural.

chapéu-de-sol   *chapéus-de-sol*   sombrilla/s

Si el primer elemento es un verbo o una palabra invariable y el segundo un sustantivo o adjetivo, solamente el segundo se pone en plural.

guarda-chuva   *guarda-chuvas*   paragua/s
recém-nascido   *recém nascidos*   recién nacido/s
abaixo-assinado   *abaixo-assinados*   firmado/s

Si ambos términos son nombres o el primero es un sustantivo y el segundo un adjetivo, los dos elementos van en plural.

obra-prima   *obras-primas*   obra maestra, obras maestras
couve-flor   *couves-flores* coliflor, coliflores

Presente de subjuntivo

El subjuntivo es el modo de la incerteza, duda, eventualidad o irrealidad.

Talvez fique em casa de uns conhecidos.
Tal vez vaya a casa de unos conocidos.

El presente de subjuntivo se forma con la raíz de la primera persona del singular del presente de indicativo más las siguientes desinencias:

— 1.ª conjugación: **e, es, e, emos, eis, em;**

— 2.ª conjugación: **a, as, a, amos, ais, am;**

— 3.ª conjugación: **a, as, a, amos, ais, am.**

Cuando en la raíz del presente de indicativo hay una irregularidad, esta se mantiene, lógicamente, en el presente de subjuntivo.

Não acredito que ouças o que estou a dizer com a música no máximo.
No creo que escuches lo que estoy diciendo con la música tan alta.

Son irregulares los verbos **dar** (dar), **estar** (estar), **querer** (querer), **saber** (saber), **ser** (ser) e **ir** (ir) (véase la tabla que hay en la sección «Anexos»).

También es irregular el auxiliar **haver** (haber), cuya forma impersonal en presente de subjuntivo es **haja.**

Este tiempo verbal se utiliza después de expresiones impersonales (en presente de indicativo) seguidas de **que.**

É importante que te apresentes pontualmente.
Es importante que te presentes puntualmente.

Tras verbos que expresan sentimiento, deseo, orden, duda, posibilidad y prohibición.

Exigimos que nos tratem com respeito.
Exigimos que nos traten con respeto.

Pode ser que o supermercado ainda esteja aberto.
Es posible que el supermercado todavía esté abierto.

Después de verbos que expresan opinión únicamente en las oraciones negativas; con frases afirmativas se emplea el presente de indicativo.

Não pensamos que o concerto valha a pena.
No creemos que el concierto valga la pena.

Futuro simple de subjuntivo

El *futuro do conjuntivo* (tanto la forma simple como la compuesta) expresa la eventualidad en el futuro.

El futuro simple se forma con la raíz de la segunda persona del singular o la primera del plural del *pretérito perfeito do indicativo* más las siguientes desinencias: **r, res, r, rmos, rdes, rem.** En español, este tiempo verbal se traduce por el presente de indicativo.

Se da el caso de que en verbos como **lavar,** que es regular en el *pretérito perfeito,* las formas del futuro simple de subjuntivo coinciden con las del *infinitivo pessoal.* En estos casos, el contexto nos ayuda a distinguir cuál es el tiempo empleado.

Se não apanhares o comboio das seis, levo-te de carro.
Si no coges el tren de las seis, te llevo en coche. *(Futuro do conjuntivo)*

Para apanhares o comboio das seis tens de te levantar cedo.
Para coger el tren de las seis te tienes que levantar temprano. *(Infinitivo pessoal)*

Sesión de tarde

Vocabulario

mão	*ombro*
mano	hombro
nariz	*cabeça*
nariz	cabeza
boca	*orelha*
boca	oreja
olho	*ouvido*
ojo	oído
braço	*costas*
brazo	espalda

pé	*coração*
pie	corazón
cotovelo	*constipação*
codo	constipado
peito	*dores de cabeça/garganta/ouvidos*
pecho	dolor de cabeza/garganta/oídos
dedo	*febre*
dedo	fiebre
perna	*gripe*
piema	gripe
dente	*injecção*
diente	inyección
pescoço	*penso*
cuello	tirita
estômago	*pomada*
estómago	pomada
garganta	*comprimido*
garganta	comprimido
joelho	*supositório*
rodilla	supositorio
tornozelo	*xarope*
tobillo	jarabe

Pretérito imperfecto de subjuntivo

El *pretérito imperfeito do conjuntivo*, que se corresponde con el pretérito imperfecto de subjuntivo en español, deriva de la raíz del pretérito perfecto de indicativo más las siguientes desinencias, iguales para las tres conjugaciones: **sse, sses, sse, ssemos, sseis, ssem.**

Se utiliza en los mismos casos que el presente de subjuntivo cuando el verbo de la oración principal está en indicativo, perfecto, imperfecto o pluscuamperfecto.

Después de verbos que expresan orden, deseo, voluntad, etc.

O meu pai pediu-me que fosse ao banco fazer um depósito.
Mi padre me pidió que fuese al banco a hacer un depósito.

Precisava que mas encurtassem.
Necesitaría que me las acortasen.

Después de expresiones impersonales más **que.**

Era bom que conseguisses aquele emprego.
Sería bueno que consiguieses aquel trabajo.

En oraciones subordinadas consecutivas.

Falou mais devagar de modo que o pudessem compreender.
Habló más despacio de modo que lo pudiesen comprender.

En oraciones subordinadas concesivas.

Ainda que estivesse de férias, continuava a trabalhar.
Aunque estuviese de vacaciones, continuaba trabajando.

En oraciones subordinadas finales después de **a fim de que** y **para que** (a fin de que).

Fecharam a escola a fim de que as eleições se pudessem realizar.
Cerraron la escuela a fin de que se pudiesen realizar las elecciones.

Después del adverbio **talvez,** cuando este se encuentra delante del verbo.

Talvez fosse melhor não saíres.
Tal vez fuese mejor que no salieras.

Pluscuamperfecto de subjuntivo

Este tiempo verbal se forma con el auxiliar **ter** en imperfecto de subjuntivo más el participio pasado del verbo principal.

Se emplea para expresar una acción anterior a otra pasada.

Preferíamos que tu tivesses convidado toda a gente.
Preferiríamos que hubieras invitado a todos.

Y para indicar un deseo respecto al pasado.

Queme me dera que se tivessem lembrado me mim!
¡Ojalá se hubieran acordado de mí!

La hora

Para pedir la hora se utiliza la fórmula **que horas são?** (¿qué hora es?) siempre en plural. La respuesta se da con los números cardinales.

Se responde con el verbo **ser** en singular o plural. A diferencia del español, no se emplea el artículo determinado delante del numeral, excepto cuando va precedido de una preposición.

É uma hora em ponto.
Es la una en punto.

Ao meio-dia a cidade fica deserta.
A mediodía la ciudad está desierta.

Por norma general, se usa **meio-dia** (mediodía) para referirse a las 12.00 y **meia-noite** (medianoche), para las 24.00.

Entre la hora y los minutos se utiliza la conjunción **e** hasta la media hora.

São três e dez.
Son las tres y diez.

Y después la palabra **menos.**

São dez menos vinte e cinco.
Son las diez menos veinticinco.

O la fórmula **ser/faltar** + minutos + **para** + artículo determinado + hora.

São/Faltam vinte e cinco para as dez./São dez menos vinte e cinco.
Faltan veinticinco minutos para las diez./Son las diez menos veinticinco.

São/Faltam cinco minutos para as quatro./São quatro menos cinco.
Faltan cinco minutos para las cuatro./Son las cuatro menos cinco.

Tal y como sucede en español, generalmente se sustituye la expresión **trinta minutos** (treinta minutos) por **meia** (media).

São seis e meia.
Son las seis y media.

Del mismo modo, se sustituye **quinze minutos** (quince minutos) por **um quarto** (cuarto):

São sete e um quarto.
Son las siete y cuarto.

La hora oficial divide el día en 24 horas, mientras que el uso cotidiano prefiere la subdivisión en 12 horas, y utiliza **da manhã** (mañana), **da tarde** (tarde) y **da noite** (noche) con la finalidad de concretar.

São nove da noite.
Son las nueve de la noche.

São três da tarde.
Son las tres de la tarde.

También se emplea **da manhã** para referirse a las horas entre medianoche y mediodía.

São sete da manhã.
Son las siete de la mañana.

São duas da manhã.
Son las dos de la mañana (noche).

La voz pasiva

En portugués, la voz pasiva se construye con el auxiliar **ser** + el participio pasado del verbo principal.

Voz activa: *Inauguraram o museu nos anos 50.*
Inauguraron el museo en los años cincuenta.

Voz pasiva: *O museu foi inaugurado nos anos 50.*
El museo fue inaugurado en los años cincuenta.

El participio pasado debe concordar en género y número con el sujeto.

Masculino: *O telefone foi inventado por Bell.*
El teléfono fue inventado por Bell.

Femenino: *A exposição foi vista por milhares de turistas.*
La exposición fue vista por miles de turistas.

El complemento agente va introducido por la preposición **por** (por), la cual se articula cuando va delante de un artículo determinado.

O sul da Península Ibérica foi ocupado pelos árabes.
El sur de la Península Ibérica fue ocupado por los árabes.

O jantar vai ser preparado pela melhor cozinheira da cidade.
La cena será preparada por la mejor cocinera de la ciudad.

El concepto pasivo también puede ser expresado por el pronombre **se** (se) + el verbo en la tercera persona del singular o del plural, según el sujeto.

Vêem-se muitas igrejas góticas.
Se ven muchas iglesias góticas.

Aparte del **ser,** hay otros auxiliares que, acompañados por el participio, pueden formar la voz pasiva. Suelen ser verbos que expresan estado **(estar, andar, viver),** cambio de estado **(ficar)** o movimiento **(ir** y **vir).**

Os alunos iam (o estavam) acompanhados pelos professores.
Los alumnos fueron (o estaban) acompañados por los profesores.

Na exposição estavam incluídas algumas máscaras.
En la exposición estaban incluidas algunas máscaras.

El discurso indirecto

El discurso indirecto se utiliza para reproducir opiniones o afirmaciones de otras personas. Esta transformación provoca unos cambios en algunos elementos del discurso directo: verbo, pronombres y adverbios, principalmente. En la siguiente tabla exponemos algunos ejemplos.

	Discurso directo	*Discurso indirecto*
Verbo	presente de indicativo	imperfecto de indicativo
	pasado de indicativo	pluscuamperfecto de indicativo
	futuro de indicativo	condicional simple
	presente de subjuntivo	imperfecto de subjuntivo
	futuro de subjuntivo	imperfecto de subjuntivo
	imperativo	imperfecto de subjuntivo o infinitivo
Pronombres personales y posesivos	1.ª y 2.ª persona	3.ª persona
Demostrativos	*este, esta, isto; esse, essa, isso*	*aquele, aquela, aquilo*
Adverbios de lugar	*cá*	*lá*
	aqui	*ali, naquele lugar*
Adverbios de tiempo	*hoje*	*nesse dia, naquele dia*
	ontem	*no dia anterior*
	amanhã	*no dia seguinte*
	agora	*naquele momento*

El discurso indirecto es introducido por verbos que cambian según la intención del discurso. Algunos de los más empleados son: *aconselhar* (aconsejar), *anunciar* (anunciar), *comunicar* (comunicar), *contar* (contar), *dizer* (decir), *lamentar* (lamentar), *prometer* (prometer) y *recomendar* (recomendar).

En las afirmaciones, el verbo sólo va seguido por la conjunción **que** y en las preguntas no introducidas por un interrogativo, por **se.**

Discurso directo: *«Sim, fui eu que matei esse homem».*
«Sí, fui yo quien mató a ese hombre».

Discurso indirecto: *O criminoso confessou que tinha sido ele que tinha matado aquele homem.*
El criminal confesó que había sido él quien había matado a aquel hombre.

Discurso directo: *«Este filme ganhou algum óscar?».*
«¿Esta película ganó algún Óscar?».

Discurso indirecto: *Ele estava interessado em saber se o filme tinha ganhado/ganho algum óscar.*
Él estaba interesado en saber si la película había ganado algún Óscar.

Discurso directo: *«Entreguem-me essa encomenda amanhã».*
«Entrégame ese paquete mañana».

Discurso indirecto: *Ele exigiu que lhe entregassem aquela encomenda no dia seguinte.*
Él ordenó que le entregasen aquel paquete al día siguiente.

En las oraciones interrogativas introducidas por un interrogativo, este se mantiene en el discurso indirecto.

Discurso directo: *«Onde (é que) é a paragem do autocarro?».*
«¿Dónde está la parada del autobús?».

Discurso indirecto: *Um estrangeiro perguntou-me onde (é que) era a paragem do autocarro.*
Un extranjero me preguntó dónde estaba la parada del autobús.

Frases útiles para viajeros

De compras

Quanto é um quilo de nêsperas?
¿Cuánto cuesta un kilo de níseros?

Quanto custa meio quilo de carne picada?
¿Cuánto cuesta medio kilo de carne picada?

A como são as cerejas?
¿A cómo están las cerezas?

Quero dois ovos/um litro de leite.
Querría dos huevos/un litro de leche.

Queria ver um casaco, uma camisola...
Querría ver una chaqueta, una camiseta...

Precisava de um casaco, uma saia...
Necesitaría una chaqueta, una falda...

Procurava um chapéu, uma gravata...
Buscaba un sombrero, una corbata...

Posso experimentar o casaco, os sapatos...
Puedo probarme la chaqueta, los zapatos...

Visto o número 42.
Visto la talla 42.

Calço o número 38.
Calzo un 38 de número.

Tem um tamanho maior?
¿Tiene una talla más grande?

O casaco fica-lhe bem.
La chaqueta le sienta bien.

Gosto muito de jeans.
Me gustan mucho los tejanos.

Datos y gustos personales

Qual è a sua/tua nacionalidade?
¿Cuál es su/tu nacionalidad?

De que nacionalidade é/és?
¿De qué nacionalidad es/eres?

Eu sou português/portuguesa.
Yo soy portugués/portuguesa.

Ele/ela é italiano/a.
Él/ella es italiano/a.

Donde é que é/és?
¿De dónde es/eres?

Sou do Algarve./De Nova Iorque.
Soy de Algarve./De New York.

O que é que gostas de fazer?/Do que é que gostas?
¿Qué te gusta hacer?/¿Qué te gusta?

Gosta/Gostas de ler?
¿Le/te gusta leer?

Gosta/Gostas de música?
¿Le/te gusta la música?

Gosto muito de ir ao cinema.
Me gusta mucho ir al cine.

Não gosto nada de chuva.
No me gusta nada la lluvia.

ANEXOS

Conjugación de los principales verbos irregulares

A continuación, exponemos los principales verbos irregulares que no siguen las reglas expuestas en la explicación de los diferentes tiempos verbales del portugués.

Presente de indicativo

	Dar (Dar, conceder)	**Dizer** (Decir)	**Fazer** (Hacer)	**Pôr** (Poner)	**Querer** (Querer)
eu	dou	digo	faço	ponho	quero
tu	dás	dizes	fazes	pões	queres
ele, ela	dá	diz	faz	põe	quer
nós	damos	dizemos	fazemos	pomos	queremos
vós	dais	dizeis	fazeis	pondes	quereis
eles, elas	dão	dizem	fazem	põem	querem

	Ler (Leer)	**Saber** (Saber)	**Trazer** (Traer)	**Ver** (Ver)	**Vir** (Venir)
eu	leio	sei	trago	vejo	venho
tu	lês	sabes	trazes	vês	vens
ele, ela	lê	sabe	traz	vê	vem
nós	lemos	sabemos	trazemos	vemos	vimos
vós	ledes	sabeis	trazeis	vedes	vindes
eles, elas	lêem	sabem	trazem	vêem	vêm

	Ir (Ir)	**Sair** (Salir)	**Cair** (Caer)
eu	vou	saio	caio
tu	vais	sais	casi
ele, ela	vai	sai	cai
nós	vamos	saímos	caímos
vós	ides	saís	caís
eles, elas	vão	saem	caem

Pretérito perfecto simple de indicativo

	Dar (Dar, conceder)	**Dizer** (Decir)	**Fazer** (Hacer)	**Pôr** (Poner)	**Querer** (Querer)
eu	dei	disse	fiz	pus	quis
tu	deste	disseste	fizeste	puseste	quiseste
ele, ela	deu	disse	fez	pôs	quis
nós	demos	dissemos	fizemos	pusemos	quisemos
vós	destes	dissestes	fizestes	pusestes	quisestes
eles, elas	deram	disseram	fizeram	puseram	quiseram

	Caber (Caber, corresponder)	**Saber** (Saber)	**Trazer** (Traer)	**Ver** (Ver)	**Vir** (Venir)
eu	coube	soube	trouxe	vi	vim
tu	coubeste	soubeste	trouxeste	viste	vieste
ele, ela	coube	soube	trouxe	viu	veio
nós	coubemos	sobemos	trouxemos	vimos	viemos
vós	coubestes	soubestes	trouxestes	vistes	viestes
eles, elas	couberam	souberam	trouxeram	viram	vieram

Presente de subjuntivo

	Dar	**Estar**	**Ir**	**Querer**	**Saber**	**Ser**
	(Dar)	(Estar)	(Ir)	(Querer)	(Saber)	(Ser)
eu	dê	esteja	vá	queira	saiba	seja
tu	dês	estejas	vás	queiras	saibas	sejas
ele, ela	dê	esteja	vá	queira	saiba	seja
nós	dêmos	estejamos	vamos	queiramos	saibamos	sejamos
vós	deis	estejais	vades	queirais	saibais	sejais
eles, elas	dêem	estejam	vão	queiram	saibam	sejam

Diccionario

A

abandonar [abãdu'nàr], abandonar, dejar.
aborrecer-se [abuResérse], aburrirse; **aborrecido** [abuResidu], monótono, aburrido.
abraçar [abra'sàr], abrazar; **abraço** [abràsu], abrazo.
abrir [a'brir], abrir.
acender [asen'dèr], encender.
acima [asima], encima, sobre, en.
acordar [akur'dàr], despertar, despertarse.
adoecer [adui'sér], enfermar.
adormecer [adurme'sér], dormir, adormecerse.
aeroporto [aèroportu], aeropuerto.
alegrar [ale'gràr], alegrar; **alegre** [alègre], alegre; **alegria** [alegria], alegría.
alugar [alu'gàr], alquilar; **aluguer** [alu'gèr], alquiler.
anunciar [anunsi'àr], anunciar; **anúncio** [a'nunsiu], anuncio, publicidad.

B

bagagem [bagàʒãi], equipaje.
bairro [bàiRu], barrio.
banco [bãku], banco.
barato [baràtu], barato.
barba [bàrba], barba; **barbear-se** [barbiàrse], afeitarse.

barco [bàrku], barco, nave.
beijar [bai'ʒàr], besar; **beijo** [baiʒu], beso.
bem [bãi], bien; **bem-vindo** [bãivindu], bienvenido.
borboleta [burbuléta], mariposa.
brincar [brin'kàr], jugar, saltar; **brinco** [brinku], salto.
bronzeador [brõzia'dor], bronceador.
buraco [buràku], agujero.

C

cair [ka'ir], caer, caerse.
cambiar [kãbi'àr], cambiar; **câmbio** ['kãbiu], cambio.
cansaço [kãsàsu], cansancio, fatiga; **cansar** [kã'sàr], cansar; **cansativo** [kãsativu], cansado.
caro [kàru], caro.
catedral [kate'dràl], catedral.
cerveja [servеʒa], cerveza; **cervejaria** [servеʒaria], cervecería.
cidadão [sida'dãu], ciudadano; **cidade** [sidàde], ciudad.
cigarro [sigàRu], cigarrillo.
cinzeiro [sinzairu], cenicero.
cliente [kliente], cliente.
colocar [kulu'kàr], colocar, poner.
comer [ku'mér], comer; **comida** [kumida], comida.
compra [kõpra], compra; **comprar** [kõ'pràr], comprar.
computador [kõputa'dor], ordenador.
condutor [kõdu'tor], conductor; **conduzir** [kõdu'zir], conducir.
consultório [kõsul'tòriu], ambulatorio.
conto [kõtu], cuento, novela.

D

dançar [dã'sàr], bailar.
decoração [dekura'sãu], decoración.

defeituoso [defaituozu], defectuoso.
denúncia [de'nunsia], denuncia; **denunciar** [denunsi'àr], denunciar.
depressa [deprèsa], deprisa.
difícil [difisil], difícil; **dificuldade** [difikuldàde], dificultad.
divertido [divertidu], divertido; **divertir-se** [divertirse], divertirse.
doença [duensa], enfermedad; **doente** [duente], enfermo; **doer** [du'ér], doler.

E

educar [idu'kàr], educar.
elevador [ileva'dor], ascensor.
embora [embòra], aunque.
ementa [imenta], menú.
emergência [imer'ʒensia], emergencia.
empresa [empréza], empresa; **empresário** [empre'zàriu], empresario.
enquanto [enkuãtu], cuando.
entanto [entãtu], así y todo.
então [en'tãu], entonces.
entretanto [entretãtu], entre tanto.

F

factura [fàtura], factura.
faculdade [fakuldàde], facultad.
farmácia [far'màsia], farmacia.
feira [faira], feria, mercado.
ferida [ferida], herida; **ferir** [fe'rir], herir.
fome [fome], hambre.
fora [fòra], fuera.
fruta [fruta], fruta.
fumador [fuma'dor], fumador; **fumar** [fu'màr], fumar.

G

gasóleo [gà'zòliu], gasóleo; **gasolina** [gazulina], gasolina.
gente [ʒente], gente; **gentil** [ʒen'til], gentil; **gentileza** [ʒentiléza], gentileza.
gorjeta [gurʒéta], propina.

H

hábito ['àbitu], hábito; **habitual** [abitu'àl], habitual; **habituar-se** [abituàrse], habituarse.
hesitar [izi'tàr], vacilar; dudar.
hora [òra], hora; **horário** [ò'ràriu], horario.

I

idade [idàde], edad.
ignorar [ignu'ràr], ignorar.
igreja [igraiʒa], iglesia.
igual [i'guàl], igual.
impedir [impe'dir], impedir, obstaculizar.
importância [impur'tãsia], importancia; **importante** [impurtãte], importante.
imprudência [impru'densia], imprudencia.
incêndio [in'sendiu], incendio.
incerteza [insertéza], incerteza.
indicação [indika'sãu], indicación; **indicar** [indi'kàr], indicar.
individual [individu'àl], individual.
inferior [inferi'or], inferior.
inflamação [inflama'sãu], inflamación.
influência [influ'ensia], influencia.
informação [infurma'sãu], información.
interessar [intere'sàr], interesar; **interesse** [interése], interés.

J

jarro [ʒàRu], jarro.
jogador [ʒuga'dor], jugador; **jogar** [ʒu'gàr], jugar; **jogo** [ʒogu], juego.
jóia [ʒòia], joya.
juntamente [ʒuntamente], junto.

L

lã [lã], lana.
lá [là], allá.
lágrima ['làgrima], lágrima.
lamentar [lamen'tàr], lamentar.
largar [lar'gàr], dejar ir.
largo [làrgu], largo; **largura** [largura], largura.
lata [làta], lata.
lei [lai], ley.
lembrar [lem'bràr], recordar, acordarse.
lenço [lensu], pañuelo.
licença [lisensa], permiso; **licenciar-se** [lisensiàrse], licenciarse; **licenciatura** [lisensiatura], licenciatura.
localidade [lukalidàde], localidad; **localizar** [lukali'zàr], localizar.
logo [lògu], de inmediato, pues, luego, así.

M

macio [masiu], suave.
maior [mai'òr], mayor.
mal [màl], mal; **maldade** [màldàde], maldad.
mala [màla], bolsa, maleta.
mapa [màpa], mapa.
mediante [mediãte], mediante.

medicamento [medikamentu], medicina, fármaco; **médico** ['mèdiku], médico.
moeda [muèda], moneda.
mútuo ['mutuu], mutuo.

N

namorada/o [namuràda/u], enamorada/o, novia/o.
natureza [naturéza], naturaleza.
necessário [nese'sàriu], necesario; **necessidade** [nesesidàde], necesidad.
negar [ne'gàr], negar.
novidade [nuvidàde], novedad; **novo** [novu], nuevo.

O

obter [òb'tér], obtener, conseguir.
oferecer [òfere'sér], ofrecer, regalar, dar.
omeleta [òmelèta], tortilla.
opinião [òpeni'ãu], opinión, parecer.

P

paciente [pasiente], paciente.
padaria [pàdaria], panadería; **padeiro** [pàdairu], panadero.
paisagem [pàizàʒãi], paisaje.
paragem [parà ʒãi], parada; **parar** [pa'ràr], parar.
particular [partiku'làr], particular.
passageiro [pasaʒairu], pasajero.
passaporte [pàsapòrte], pasaporte.
passear [pasi'àr], pasear; **passeio** [pasaiu], paseo.
pensar [pen'sàr], pensar; **penso** [pensu], pensamiento.
perda [pérda], pérdida; **perder** [per'dér] perder.

perto [pèrtu], cerca.
ponte [põte], puente.
pontual [põtu'àl], puntual.
porém [pu'rãi], pero.
possuir [pusu'ir], poseer.
pressa [prèsa], prisa.

Q

quadro [kuàdru], cuadro.
quase [kuàze], casi.

R

reboque [Rebòke], remolque.
receber [Rese'bér], recibir.
recente [Resente], reciente.
recibo [Resibu], recibo, factura.
recordação [Rekurda'sãu], recuerdo; **recordar** [Rekur'dàr], recordar.
refúgio [Re'fuʒiu], refugio.
regressar [Regre'sàr], regresar; **regresso** [Regrèsu], retorno, vuelta, regreso.
roda [Ròda], rueda.

S

sabor [sa'bor], sabor; **saboroso** [saburozu], sabroso.
saia [sàia], falda.
saúde [sa'ude], salud.
seja [saʒa], sea.
senão [se'nãu], si no, de otro modo, pero.
sob [sob], bajo.

sobretudo [sobretudu], sobre todo.
sono [sonu], sueño.
sujar [su'ʒàr], ensuciar; **sujidade** [suʒidàde], suciedad; **sujo** [suʒu], sucio.
sumo [sumu], zumo.
surpresa [surpréza], sorpresa.

T

também [tã'bãi], también.
tarifa [tarifa], tarifa.
táxi [tàksi], taxi.
teatro [tiàtru], teatro.
teleférico [tele'fèriku], teleférico.
telefonar [telefu'nàr], telefonear; **telefone** [telefòne], teléfono.
templo [templu], templo.
tempo [tempu], tiempo.
tenro [tenRu], tierno.
tesoura [tezora], tijera.
tirar [ti'ràr], quitar, coger.
todavia [tudavia], todavía.
trajecto [traʒètu], trayecto.

U

urgência [ur'ʒensia], urgencia; **urgente** [urʒente], urgente.
usar [u'zàr], usar.
usual [uzu'àl], usual.

V

vacina [vasina], vacuna.
vantagem [vãtàʒãi], ventaja.

vender [ven'dér], vender.
verdadeiro [verdadairu], verdadero.
viagem [viàʒãi], viaje; **viajar** [via'ʒàr], viajar.
voar [vu'àr], volar.
volta [vòlta], vuelta, regreso; **voltar** [vòl'tàr], volver.
voo [vou], vuelo.

X

xadrez [a'dré], estampado.

Z

zangar [zã'gàr], molestar, molestarse.
zona [zona], zona.

www.ingramcontent.com/pod-product-compliance
Lightning Source LLC
Chambersburg PA
CBHW070614170426
43200CB00012B/2686